Gudrun Weitbrecht

Weihnachtsgeschichten aus Stuttgart

Bildnachweis:
Titelbild: ullstein bild – Oskar Poss
Alle anderen Fotos sind aus dem Privatarchiv der Autorin

1. Auflage 2015

Satz: Schneider Professionell Design, Schlüchtern-Elm
Druck: Hoehl-Druck Medien + Service GmbH
Buchbinderische Verarbeitung: Buchbinderei S. R. Büge, Celle

34281 Gudensberg-Gleichen, Im Wiesental 1
Telefon: 05603/93050
www.wartberg-verlag.de
ISBN: 978-3-8313-2748-5

Inhalt

Das Abenteuer im Eis

Wenn ich jetzt erfriere, ist meine Mama selbst schuld! Erbost schob Gottfried die Hände tiefer in die Taschen seiner Wolljacke, während dicke Tränen seine Wangen herunterkullerten. Zu blöd, er hatte die Fäustlinge vergessen. Aber an alles andere hatte er gedacht. In seinem Rucksack lag das Vesper, zwei Scheiben Graubrot, eine saure Gurke und ein Paar Saitenwürste. Seinen Schal hatte er um den Hals geschlungen und die Bommelmütze schützte seine Ohren, selbst die dicken, kratzigen Socken hatte er angezogen, bevor er losmarschiert war. Trotzdem wurde ihm immer kälter. Unaufhaltsam kroch die Kälte wie eine Schlange am Körper hoch. Seine Füße fühlten sich mittlerweile wie Eisklumpen an.

Er wusste nicht, wie viel Zeit vergangen war, seitdem er in den frühen Morgenstunden aus dem Fenster geklettert war, hinaus auf die schneebedeckte Straße. Es wurde gerade hell. In der Ferne schepperte ein Hoftor und das Pferd des Kohlehändlers wieherte. Vorsichtig hatte sich Gottfried umgesehen. Zwei Häuser weiter lud soeben der Kolonialwarenhändler Gemüsestiegen von seinem Pritschenwagen. Er hatte ihn aber Gott sei Dank nicht bemerkt.

Es war nicht weit von der Wohnung in Bad Cannstatt zum Neckarufer. Der Fluss lag verborgen unter einer dicken Eisdecke. Gottfried hatte sich vorgestellt, einfach darauf zu laufen, bis nach Heidelberg. Einmal waren sie mit dem Schiff dorthin unterwegs gewesen, als sie seine Oma besuchten.

Noch in der Nacht hatte er sich entschlossen auf große Tour zu gehen. Sein Plan war gewesen, sich einfach auf ein Frachtschiff zu schleichen und sich als blinder Passagier unter einer Persenning zu verstecken. Ein Schiff oder ein Boot zu nehmen, ging nun nicht, da der Neckar zugefroren war und die Schiffe vor Anker lagen. Mit der Eisenbahn zu fahren war ebenso unmöglich. Gestern Abend, als er sein Sparschwein geplündert hatte, enthielt es nur eine Mark und vierundfünfzig Pfennig. Zu wenig für einen Fahrschein, das wusste Gottfried. Ohne eine gültige Fahrkarte einzusteigen, traute er sich nicht. Die Schaffner in ihren blauen Uniformen schauten immer so grimmig, wenn sie kontrollierten. Einmal hatte Gottfried erlebt, wie sie einen Mann, der sich auf der Toilette versteckt hatte, auf freier Strecke hinausgeworfen hatten.

So war er auf die Idee gekommen, einfach zu laufen. Schließlich konnte Heidelberg nicht weit entfernt sein. Aber inzwischen war er sich nicht mehr so sicher.

Obwohl er in der Volksschule schon in die zweite Klasse ging und gut Rechnen und einwandfrei Lesen konnte, gelang es ihm nicht, etwas in Größe, in Zeit oder Entfernung richtig einzuschätzen. Wenn er mit dem Rad unterwegs war, kam ihm zwar eine Strecke weiter vor und dauerte länger, als wenn er mit dem Kadett seiner Tante Irene mitfahren durfte. Aber Zeit war ja relativ, solange man rechtzeitig ankam. Wenn er die Erwachsenen fragte, wie weit es denn nun sei, und welche Geschwindigkeit man nehmen müsse um in einer bestimmten Zeit anzukommen, bekam er entweder keine oder irgendeine launige Antwort. Inzwischen glaubte Gottfried, dass sie es auch nicht so genau wussten. Um endlich die Zeit und die Entfernungen, sowie deren Verhältnis zur Geschwindigkeit abmessen zu können, hatte er sich zu Weihnachten eine Armbanduhr gewünscht. Sein Freund Thomas besaß schon lange eine.

„Geht nicht“, hatte sein Stiefvater erklärt. „So weit kommt’s noch. Ich habe meine Armbanduhr auch erst zur Konfirmation bekommen.“ Damit war für ihn die Sache erledigt.

Dafür lagen unter dem Weihnachtsbaum die Abenteuer von Huckleberry Finn und Tom Sawyer. Das Buch brachte ihn erst auf die Idee. Eigentlich wäre der Sommer für ein Abenteuer geeigneter gewesen, das wusste er, und einen Freund, der mit ihm aufbrechen würde, hatte er auf die Schnelle auch nicht gefunden.

Gestern Abend hatte ihm sein Stiefvater mal wieder den Hintern versohlt. Klar, er hatte sich eine Scheibe Brot stibitzt und es geleugnet. Es war ihm egal gewesen, denn auch wenn er nichts anstellte, bekam er regelmäßig, sozusagen vorbeugend, eine Bestrafung.

„Das hat noch niemandem geschadet“, rechtfertigte sich der Stiefvater.

Was Gottfried überhaupt nicht verstehen konnte war, dass seine Mutter es zuließ. Hinterher nahm sie ihn zwar in den Arm und streichelte ihn, aber nur, wenn der Stiefvater nicht zusah. „Du verweichlichst den Jungen“, hatte dieser einmal erklärt, als er es doch bemerkt hatte.

Inzwischen war die Sonne aufgegangen, aber Gottfrieds Gedanken blieben dunkel, während er weiterstapfte. Ihm kam es vor, als ob sein Weg auf dem Eis kontinuierlich beschwerlicher wurde. Er war müde und hungrig. Vielleicht sollte ich auf einer Bank am Ufer etwas Rast machen, überlegte er und ging auf den Uferdamm zu. An dieser Stelle war ein umgestürzter, abgebrochener Baum, der aus dem Eis ragte. Immer wieder verschoben sich um den Baum he-

Flussbiegung am Neckar.

rum in dem fließenden Wasser kleinere Eisschollen übereinander. Noch während Gottfried nachdachte, brach er ein. Bevor er schreien konnte, versank er bis zum Mund in dem Loch. Sein Fuß verhakte sich unter Wasser in einem Ast. Er versuchte sich zu befreien, aber es gelang ihm nicht. Zusätzlich war es, als ob ihn die unterirdische Strömung nun wegreißen wollte.

„Hilfe, Hilfe." Zuerst krächzte Gottfried, dann ging seine Stimme in ein lautes Schreien über. Eiskaltes Wasser schwappte in seinen Mund.

„Na, wen haben wir denn da? Beweg dich nicht, ich hol dich da raus", vernahm er mit einem Mal eine Stimme, die zu einem Mann gehört, der eine Ausrüstung zum Eisfischen dabeihatte. Der Mann ließ die Angelrute fallen und holte aus einem metallenen Kasten ein Seil, das er mit einem Ende an seinem Gürtel befestigte. Dann robbte er auf dem liegenden

Baum bis zum Eisloch. Einen halben Meter über Gottfried angekommen, setzte er sich aufrecht und warf ihm das andere Seilende zu. „Da fang“, rief er. „Weiter komme ich nicht runter. Schling es um dich und verknote es zweimal. Dann halte es fest, ich zieh dich raus.“

„Ich kann nicht, meine Hände sind ganz steif“, rief bibbernd Gottfried zurück. Vor Kälte schlugen seine Zähne beim Sprechen aufeinander.

„Versuch es, das klappt schon“, entgegnete der Mann.

Zitternd, mit letzter Willensanstrengung, probierte Gottfried es. Und tatsächlich gelang es ihm, das Seil unter Wasser zu verknoten. Dann gab es zwei kräftige Rucke, der Mann zog ihn heraus und hievte ihn auf den Stamm hoch.

„Jetzt müssen wir nur noch das kleine Stückchen zurück schaffen“, beruhigte er Gottfried. „Kannst du das?“

Gottfried nickte. Obwohl seine nasse Hose und Jacke im Nu steif gefroren waren, er seine Füße kaum mehr spürte, rutschte er hinter seinem Retter den Stamm entlang auf das Ufer zu.

Dort angekommen, betrachtete ihn der Mann, während er ihn in einen Schlafsack packte. „Na, da hab ich aber einen Fang gemacht. Wie heißt du denn, mein Junge? Erzähl mir mal, was du um Himmels willen auf dem Eis gemacht hast.“

Später am Nachmittag, nach einem heißen Wannenbad, saß Gottfried im warmen Wohnzimmer, eingehüllt in eine Wolldecke und trank Holundertee. Sein Retter, er war Polizist, hatte ihn begleitet und lange ruhig mit seiner Mutter und dem Stiefvater gesprochen.

Gottfried konnte es nicht glauben. Diesmal gab es keine Prügel. Seine Mutter schluchzte die ganze Zeit, bevor die Eltern ihn fest in die Arme schlossen.

Das Weihnachtswunder

„Es schneit, es schneit, schau mal Brigitte. Frau Holle schüttelt ihre Betten.“ Die kleine Lotte stand am Küchenfenster und sah hinaus. Große weiße Flocken tanzten durch die Luft. Schon am Nachmittag hatte es angefangen zu schneien. Zuerst war der Himmel ganz grau geworden, ab da hörte es nicht auf zu schneien. Unaufhörlich und stetig wuchs die weiße Pracht. Schon jetzt konnte Lotte kaum noch die Wegränder erkennen. Kein Laut drang von draußen herein. Es war, als ob die Welt am Heiligen Abend stehen geblieben wäre.

Aber wenn der Schnee so weiterfiel und der Weg eisglatt wurde, wie konnte das Christkind durchkommen und die Geschenke bringen? Lottes Wunschzettel, den sie mit einem Stein befestigt auf den Fenstersims gelegt hatte, war jedenfalls am nächsten Morgen verschwunden. Und brav gewesen war sie auch immer. Na ja, jedenfalls fast immer, überlegte Lotte.

„Du bist dumm“, hatte Brigitte verächtlich gesagt. „Wie soll das Christkind deinen Wunsch erfüllen? Es sind fünf Jahre her.“

Natürlich wusste Lotte, dass der Krieg schon fünf Jahre aus war. Aber gab es nicht so etwas wie ein Weihnachtswunder? Wie oft hatte sie vor dem Schlafengehen darum gebetet.

Brigitte ist vielleicht viel klüger als ich, dachte Lotte. Schließlich kommt meine Schwester im März aus der Volksschule und hat schon einen Vertrag über eine Lehrstelle als Verkäuferin in einem Modehaus unterschrieben. Aber wenn man sich etwas so sehnlich wünscht, kann es dann nicht in Erfüllung gehen, egal ob man klug oder dumm ist? Außerdem fand sie sich überhaupt nicht dumm. Sie kam erst im Frühjahr in die Volksschule und konnte jetzt schon lesen und schreiben. Deshalb hatte sie ihren Wunschzettel selbst verfasst. Auf ihm stand nur der Satz: Liebes Christkind: Mach, dass mein Papa heimkommt.

Lotte hatte die Idee, dass sie ihren Christbaum in diesem Jahr so lange stehen lassen könnten wie die Bäckersfrau. Die hatte Mama einmal erzählt, dass sie den geschmückten Baum bis in den März hinein stehen ließ, weil sie glaubte, ihr Sohn würde nur so aus der Gefangenschaft heimkehren. Was tatsächlich geschah! Aber Mama hatte Lotte erklärt, das sei nur Zufall gewesen und die Bäckersfrau sei abergläubisch.

Einmal konnte Lotte zufällig den Brief lesen, den Mama vor vier Jahren vom Amt erhalten hatte. In dem stand: „Vermisst". Ihr Papa wurde vermisst, war verschwunden. Jedenfalls nicht tot, so viel wusste Lotte. Vielleicht so verschwunden wie ihre Möbel, die Mama zurücklassen musste, nachdem das Haus, in dem sie wohnten, einen Riss durch eine Fliegerbombe bekommen hatte, die ganze Vorderfront und ebenso die Treppe halb fehlte. Ab da durften sie ihre Wohnung nicht mehr betreten. Aber das hatte Lotte erst nach und nach erfahren. Daran erinnern konnte sie sich nicht. Sie war noch ein Baby gewesen, als es passierte. Auch an die Bomben nicht. Nur Brigitte konnte sich anscheinend erinnern, denn sie wachte manchmal schreiend aus ihren Albträumen auf. Dann wurde Lotte wach, weil sie in einem Bett schliefen. In dem anderen Bett in der Kammer schlief Mama.

Als sie viel später nach ihrer Wohnung in der Hegelstraße sahen, war das Haus weg. Nur eine schwere Betonplatte über dem Keller erinnerte daran, wo es einmal gestanden hatte. Auch die anderen Häuser waren wie vom Erdboden verschwunden. Mama hatte damals geseufzt: „Wenigstens ist uns nichts passiert." Später im Bett hatte sie geweint. Vielleicht weil sie dachte, dass Lotte schon schlafen würde. Aber sie hörte wie Mama zu Brigitte sagte: „Wenn dein Papa tot wäre, würde mir eine Kriegerwitwenrente zustehen. Für Ehefrauen von Verschollenen gilt das nicht. Jetzt müssen wir uns auch in Zukunft irgendwie über Wasser halten."
Über Wasser halten bedeutete, dass Mama weiterhin als Dienstmädchen für Onkel Ernst und Tante Adele arbeiten musste. Eigentlich waren der Onkel und die Tante keine richtigen Verwandten. Lotte und Brigitte mussten sie so anreden, weil sie Mama ein einstöckiges, unverputztes Häuschen in Feuerbach vermietet hatten. Nicht weit entfernt von der Villa ihres Arbeitgebers lag das Häuschen, das eher einer Baracke glich. Dahinter ging die Straße in einen Schotterweg über und endete in einem Feld.
Ihr Heim besaß keinen Flur, jeder Besucher trat sofort in die Wohnküche. Nicht, dass es viele Besucher gab. Mama schämte sich nämlich, weil sie in einer Baracke wohnen mussten. Wenn sie mal wieder traurig war, sagte sie: „Vielen Leuten geht es noch schlechter als uns."
In ihrer Küche gab es einen gemauerten Spülstein, an dem sie sich auch wuschen. Mit dem Keramikherd wurde geheizt, gebacken und auf den gusseisernen Platten gekocht. Im Backofen wartete eine mit Sand gefüllte Steingutflasche auf ihren Einsatz als Wärmflasche. Über dem Herd, auf einer Stange, trocknete im Winter die Wäsche. In einem metallenen „Schiff", das in die Platten eingelassen war, blubberte

das Wasser. Im Anschluss an die Küche und nur durch sie zu betreten, befanden sich zwei winzige Kammern. Wenigstens stand in jeder Kammer ein Kohleofen. Auch wenn er in der Schlafkammer so gut wie nie befeuert wurde und im Winter Eisblumen an den Fenstern blühten. Wenn sie schlafen gingen, legte Mama die Steinhägerflasche und eine mit heißem Wasser gefüllte kupferne Wärmflasche in die Betten. In der zweiten Kammer, in der spärlich eingerichteten „Guten Stube", wurde der Ofen nur an Festtagen angeworfen. Das Plumpsklo lag auf dem Hof.

Aber selbst dieses bescheidene neue Zuhause war ihnen von Onkel Ernst und Tante Adele nur unter der Bedingung überlassen worden, dass Mama dem Ehepaar im Haus half. Was bedeutete, dass Mama jeden Tag für die beiden schuften musste. Onkel Ernst war ein Kriegsgewinnler, wie Mama einmal gesagt hatte. Inzwischen machte er Geschäfte mit den Amerikanern und dem neuen Landratsamt. Deshalb musste er in seiner Villa keine Zimmer für Flüchtlinge untervermieten. Welche Geschäfte der Onkel eigentlich betrieb, wusste Lotte nicht. Auf jeden Fall waren sie so einträglich, dass Tante Adele bis in den späten Vormittag im Bett liegen konnte. Sie hatte ja Mama, die putzte und kochte und bei Tisch bediente, wenn Onkel Ernst wichtigen Besuch bekam.

Besonders schlimm aber waren für Mama die Waschtage. Alle vier Wochen wurde in der Waschküche der Villa unter dem riesigen kupfernen Kessel eingeheizt. Dann brodelte das Wasser mit der Lauge, in der Leinen, Bettwäsche, Handtücher und weiße Leibwäsche kochten. Später hob Mama mit einer hölzernen Zange die Wäsche noch heiß dampfend aus dem Kessel und verfrachtete sie in einen zinnenen Zuber. Die Teile, die noch nicht sauber waren, schrubbte sie mit Kern-

seife und Bürste auf einem Waschbrett nach. Anschließend spülte sie alles zweimal mit kaltem Wasser, wrang die Teile aus und hängte sie draußen auf die Leine. Im Sommer wurde das Leinen auf der Wiese gebleicht. Dabei half ihr Lotte manchmal. An den Wintertagen waren die Waschtage unerträglich. Mamas Hände wurden ganz dick. Sie röteten sich in der Kälte und ihre Fingerkuppen platzen auf, wenn sie die gefrorene Wäsche von der Leine nahm und in der Waschküche aufhing.
Aber heute war ja Weihnachten und Mama hatte nachmittags frei, nachdem sie schon ab sechs Uhr morgens die Festtagsessen von Tante und Onkel zubereitet hatte. Als ein Weihnachts-Dankeschön ihrer Dienstherrin brachte sie drei Orangen mit, die sie sofort schälte und verteilte. Das Mittagessen ließen sie ausfallen, weil es bei ihnen nach der Bescherung ein ganz besonderes Festmahl geben sollte: Bratwurst mit frischen Weckle. Mit denen konnten sie so herrlich das Bratfett aus der Pfanne tunken.
Zuerst aber würden sie in die Kirche gehen. Erst hinterher war Bescherung. Später gab es als Nachtisch einen Gutsleteller. Für jede von ihnen einen eigenen. Damit sie die Gutsle backen konnte, sparte Mama die Lebensmittelkarten, die es für Zucker gab, seit dem Sommer auf. Auf dem Teller lagen Ausstecherle wie die Zimtsterne aus gemahlenen Haselnüssen, die sie im Herbst gesammelt hatten. Auch Butterplätzchen. Die waren tatsächlich nicht mit Margarine, sondern mit „Guter Butter“ gemacht, die der Kolonialwarenhändler seit der Währungsreform anbot.

Die „Gute Stube“ war abgeschlossen. Dort stand ihr Weihnachtsbaum, eine winzige Tanne mit dünnen Ästen. Brigitte hatte sie mit nach Hause gebracht und Mama hatte nicht gefragt, woher der Baum kam. Seitdem sie die Tanne in die Stube verfrachtet hatten, versuchte Lotte durchs Schlüsselloch hineinzuspicken und einen Blick auf das Christkind zu werfen. Aber sie hatte nichts entdecken können und schließlich aufgegeben. Nun musste sie warten, bis Mama mit dem Glöckchen zur Bescherung klingelte und sie hereinließ.

Mama hatte ihre Kittelschürze aus, und ihr bestes Kleid angezogen. Brigitte und Lotte warteten in ihrer Sonntagskleidung. Bereits gestern Abend hatten sie in der Küche im zinnenen Zuber gebadet, ihre Haare gewaschen und sie anschließend am Ofen getrocknet. Danach tranken sie heißen Kakao und aßen Laugenbrezel.

Brigitte, die ihren Pferdeschwanz schon hochgebunden hatte, flocht Lottes dicke, widerspenstigen Haare stramm zu zwei Zöpfen. Mama legte einen Tannenzweig und die Apfelsinenschalen auf die heiße Kochplatte. Sofort verströmten sie einen heimeligen und weihnachtlichen Duft.

„Nun komm, hilf mir mal, die Kerze ins Küchenfenster zu stellen“, sagte Mama zu Lotte. Seitdem ihr Papa vermisst wurde, stellten sie an Heiligabend ein Licht ins Fenster. Es war aber auch für alle anderen armen Seelen, die getrennt von ihren Liebsten waren.

Damit ja kein Wachs auf den Boden tropfte, balancierte Lotte vorsichtig den Leuchter und platzierte ihn auf die Fensterbank. Jeder, der vorbeikam, konnte den flackernden Schein der Kerze schon von Weitem bemerken. Lotte schob die bunt geblümte Gardine zur Seite und spähte hinaus. Inzwischen war der Mond aufgegangen. Draußen durch den hohen Schnee stapfte eine einsame, schmale Gestalt. Lotte konnte das Gesicht des Wanderers unter seiner schwarzen Kappe nicht erkennen. Das Christkind war es bestimmt nicht, denn

das trug ja ein weißes Gewand mit vielen Sternen darauf. Außerdem reiste es in Begleitung von zwei Engeln, so viel wusste Lotte. Immer näher kam die Gestalt und machte schließlich vor ihrer Haustür Halt. Es klopfte mehrmals, erst zaghaft, dann lauter.
„Nanu, wer ist das denn? Zu so später Stunde?“, fragte Mama, die gerade ein in nasses Zeitungspapier gewickeltes Brikett in den Ofen legte. So würde das Feuer, bis sie zurück vom Kirchgang kamen, nicht ausgehen.
„Könnte das der Postbote sein?“ Natürlich wusste Mama, dass es nicht der Postbote sein konnte, der doch bestimmt selbst mit seiner Familie feierte. Oder doch?

Bescherung in den 50er-Jahren.

Kam etwa jetzt ein Telegramm, in dem stand, dass ihr Papa gefallen war? Lotte verkroch sich ängstlich hinter Brigitte, die sich schützend vor sie stellte und den Schürhaken in die Hand nahm.
„Ja, was gibt es?“, fragte Mama und öffnete die Tür.
Mamas Gesicht konnte Lotte nicht sehen, aber der Besucher musste ihr einen gehörigen Schrecken eingejagt haben, denn sie wankte mit einem Mal und stieß einen Schrei aus. Lotte schrie ebenso auf. Beherzt stürmte Brigitte zur Tür und stellte sich kampfbereit neben ihre Mutter.
„Kann ich hereinkommen, es ist kalt“, fragte der Mann mit brüchiger Stimme. Er trug einen alten, grauen Mantel. Gerade zog er seine Mütze ab und das Kerzenlicht zeigte sein eingefallenes Gesicht. Als er sich schüttelte, fiel der Schnee von ihm ab auf den Boden.
„Hab ich euch endlich gefunden“, sagte der Mann, bevor Mama ihm in die Arme fiel und schluchzte.
Nun kam auch Lotte näher. Voller Staunen hörte sie Mama unter Tränen sagen: „Jetzt wird alles gut. Das ist euer Papa.“
Alle vier umarmten sich stumm. Lottes sehnlichster Wunsch war in Erfüllung gegangen und nun wusste sie, dass es tatsächlich ein Weihnachtswunder gab.

Der Feuertopf

Jedes Jahr vor Weihnachten stellte Pippa dieselbe Frage in die Familienrunde: Was soll Heiligabend auf den Tisch kommen? Schließlich sollten Mann und Sohn gleichberechtigt an diesem wichtigen Thema beteiligt werden. Demokratie in der Familie!

In den vergangenen Jahren herrschte Einigkeit bei der Wahl des Festessens. Es kamen der schwäbische Kartoffelsalat mit Saitenwürsten oder die Weihnachtsgans mit Rotkohl und Klößen, manchmal auch Karpfen mit Petersilienkartoffeln und Gurkengemüse auf den Tisch. Als der Sohn größer wurde, versuchten sie es mit einem amerikanischen Menü: Truthahn mit Preiselbeeren, Süßkartoffeln und Maiskolben. Ein wenig einfacher wurde es, als das Fleischfondue mit den unterschiedlichsten Soßen, alle selbstverständlich in Eigenarbeit hergestellt, zur Tradition wurde. Leider aber war letztes Weihnachten der Fonduetopf aus Keramik auf die Küchenfliesen gefallen und zerbrochen. Pippa hatte bisher keinen neuen gefunden, der auf das Rechaud passte. Überhaupt wusste sie in diesem Jahr gar nicht, was es denn eigentlich an Heiligabend zum Essen geben sollte, da ihr Nachwuchs neuerdings auf einem gesundheitsbewussten Essens-Trip war.

Was für ein Glück, dachte Pippa, als sie in der Auslage des koreanischen Lebensmittelhändlers in der Bebelstraße einen Feuertopf entdeckte. Kurz zuvor hatte sie in einer Frauenzeitschrift ein buntes, anregendes Bild eines Feuer-

Verschneiter Garten mit Apfelbaum.

topfs entdeckt. Um den Topf herum dekoriert lagen allerlei Gemüse, sowie verschiedene Fischsorten und Garnelen. Auch wenn ihr der Feuertopf wie zwei ineinandergesteckte Blechschüsseln mit Kamin vorkam, entschloss sie sich es zu wagen. Ein bisschen Veränderung konnte schließlich nicht schaden.

„Zubeleitung ganz einfach", versprach Herr Hyundai. „Hausflau spalen viel Zeit."

Okay, an Weihnachten keine schlechte Idee, gesund ist es allemal, dachte die Hausflau und ließ sich den Feuertopf für sage und schreibe 185,00 D-Mark einpacken. Nicht ganz billig, aber es ist ja eine Anschaffung fürs Leben, dachte sich Pippa.

„Geblauchsanweisung dabei“, versprach Herr Huyndai strahlend. Pippa ahnte, dass er deshalb so glücklich aussah, weil er endlich seinen Ladenhüter losgeworden war. Nachdenklich zog sie mit dem Feuertopf von dannen. Leider vergaß sie ihn im Weihnachtsgeschenkeeinkaufstress und er ruhte die nächsten acht Tage im Kofferraum ihres Kleinwagens. Erst am dreiundzwanzigsten Dezember spätabends stellte sie zu ihrem Entsetzen fest, dass ihr zur Ersteinführung des Feuertopfes, sozusagen zu seiner Feuertaufe, einige Zutaten fehlten. Also stand sie an Heiligabend fruhzeitig auf, damit sie spätestens um acht Uhr einkaufen konnte.
Zuerst einmal brauchte es für den Feuertopf Holzkohle. Das war schon das erste Problem. Die Grillkohle vom Sommer war längst verfeuert und die Supermärkte boten stattdessen Streusalz und Vogelfutter an. Nach mehreren Anläufen fand Pippa an einer zwanzig Kilometer entfernten Autobahntankstelle einen Zehnkilosack Kohle aus garantiert pestizidfreiem Holz. Nicht ganz billig, dachte sie, für das Geld hätte ich sogar Trüffel in den Feuertopf legen können.
Jetzt fehlte noch das Huhn für die Hühnerbrühe. Aus Rücksicht auf die mit biologisch hergestellten Lebensmitteln verwöhnte Familie, fuhr sie fünf Kilometer weiter zu einem Bauernhof in Weilimdorf. Dort wurde das Federvieh bis zu seinem jähen Lebensende mit Mozart beschallt.
Die Riesengarnelen erhielt sie leider nur tiefgefroren beim Großhändler im Industriegebiet von Vaihingen. Aber das machte gar nichts, bis die auftauten, konnte sie die weiteren Zutaten besorgen. Nun fehlten ihr nur noch das Zitronengras, die Spezialmischung des Gewürzpulvers, frische Minze und die Reisnudeln.
Kein Problem, Gott sei Dank gibt es ja Herrn Hyundai, dachte Pippa. Zwar lag sein Geschäft im Westen und es war

schon elf Uhr, aber das konnte sie schaffen. Leider hatte Herr Hyundai am Vierundzwanzigsten den ganzen Tag geschlossen.

Also gut, beschloss Pippa erschöpft. Gibt es den Feuertopf eben ohne Zitronengras, ohne das Gewürzpulver, der frischen Minze und den asiatischen Nudeln.

Zu Hause angekommen waren weder die Betten gemacht, noch der Tannenbaum aufgestellt, geschweige denn geschmückt. Die Familie saß mit aufgestellten Gabeln in den Händen am Esstisch und wartete auf das Mittagessen. Schnell schob Pippa, trotz des lautstarken Protestes ihrer Lieben, zwei Fertigpizzen in den Backofen. Den Feuertopf sollte es erst abends geben.

Endlich um achtzehn Uhr war es so weit. Das Huhn war gekocht, die Brühe eingefüllt, die Grillkohle angezündet und Mann und Sohn saßen erwartungsvoll um den Topf herum. Diesmal hatten sie kleine Siebe aus Messing in den Händen. Zu früh gefreut! Die Suppe wurde im Feuertopf einfach nicht heiß genug, um Garnelen und Gemüse zu garen. Mittlerweile war es neunzehn Uhr, der Ehemann hungrig und der Sohn ungeduldig, weil er noch mit Freunden auf eine Party gehen wollte. Sein Vorschlag, doch etwas mehr Kohle aufzulegen, damit das Feuer stärker brannte, wurde dankend befolgt. Leider war nun die Menge zu groß und wohin mit den glühenden, qualmenden Kohlen? Völlig entnervt beschloss Pippa, den Feuertopf mitsamt der Brühe und den gefrorenen Garnelen vom Esszimmer aus durch die Wohnung auf die Terrasse zu bringen. Dort konnte die Holzkohle richtig durchglühen, ohne dass die Familie eine Kohlenmonoxidvergiftung bekam. Total erschöpft übersah sie dabei, dass ihr ein kleines Stück Kohle auf das frisch gebohnerte Parkett fiel und weiterkokelte.

Die Familie hatte sich inzwischen ins Wohnzimmer zurückgezogen und aß aus Verzweiflung den Teller mit den Vollkornkeksen leer. Erst nachdem das Feuer schon entflammt war, wurde ihr kleines Missgeschick entdeckt. Aber das war im Nachhinein nicht weiter schlimm, da sich der Hausratsversicherer nach etlichen Briefen und Anrufen doch kulant zeigte. Obwohl er der Meinung war, die Hausfrau hätte es richtig brennen lassen und nicht austreten sollen, denn dann hätte es mehr Geld gegeben.
Seit diesem denkwürdigen Weihnachtsessen versteckte Pippa den Feuertopf in der hintersten Ecke des Vorratskellers. Einem Nervenzusammenbruch bekam sie, als ihr Gatte ihr zum nächsten Weihnachtsfest seine neueste, total günstige, zehn D-Mark-Erwerbung vom Flohmarkt mitbrachte. Einen gusseisernen Feuertopf.

Es hat Babumm gemacht

Tja, gute Frau, da ist nichts mehr zu machen." Tröstend legte der Feuerwehrhauptmann eine Wolldecke über Sabines Schultern. „Wir haben Ihren Mann bisher noch nicht gefunden. Wir suchen ihn noch. Es ist ein Wunder, dass Sie die Explosion überlebt haben!"

Sabine antwortete unter lautem Schluchzen: „Mein armer Heinz, was soll ich nur ohne ihn machen? Dabei wollte ich nur zum Kiosk gehen. Ich war noch keine hundert Meter vom Haus weg, da machte es babumm. Um Himmels willen, der arme Emil!" Sabine betrachtete erschüttert die Trümmer ihres Heimes und das verkohlte Etwas auf dem Bürgersteig, das früher einmal eine Weihnachtsgans gewesen war. Ihr fehlte überraschenderweise nur ein Bein.

„Wo wollten Sie um diese Uhrzeit noch hin? Was wollten Sie denn besorgen? Und wer ist denn Emil? Müssen wir noch nach einer zweiten Person suchen?", fragte ein Feuerwehrmann. – „Emil ist unser Hund. Wo ich hinwollte? Mein Mann brauchte seine Zigaretten. Ich hatte sie vergessen. Es ist doch Weihnachten und der Kiosk am Feuerbacher Bahnhof hat als einziger einen Automaten."

„Hatten Sie die Kerzen am Baum an?"

Sabine drehte sich um. Sie erkannte den Leiter der Polizeidienststelle in der Kärtner Straße. „Sicher, im ganzen Haus waren alle Kerzen an. Am Baum, im Kronleuchter, die an den Fenstern und auf dem Adventskranz. Wissen Sie, ich finde Kerzenlicht so romantisch. Nicht so künstlich wie die

Festlich geschmückter Weihnachtsbaum.

elektrische Weihnachtsbeleuchtung. Aber ich hab noch gesagt: Heinz, mach lieber alles aus. Vor allen Dingen lösch die Kerzen am Baum! Ach was, hat er da gesagt, für die fünf Minuten. Dabei wollte er doch nur in den Keller gehen, um die Gasheizung zu überprüfen. Um Himmels willen, hoffentlich hat mein Mann nicht …" Sabine hielt sich den Mund zu und sah den Polizisten schuldbewusst an.

„Was meinen Sie?", fragte der Schutzpolizist.

Sabine druckste herum. „Mein Mann hat die Heizung selbst eingebaut."

Der Beamte sah sie entsetzt an. „Also, das muss ich protokollieren. Die Ursache für die Explosion muss durch die Kripo geklärt werden. Dabei wird sich herausstellen, wessen Schuld es ist", sagte er streng und fügte hinzu: „Sie können jetzt da nicht wieder hinein, es besteht Einsturzgefahr. Nur gut, dass das Haus allein steht und keine Nachbarn gefährdet waren. Wissen Sie, wo Sie die Nacht verbringen können?", erkundigte er sich bei Sabine.

„Ich geh zu meiner Schwester, sie wohnt in Botnang. Ach du meine Güte. Emil, der gute Hund!"

Sabine schluchzte wieder laut auf. Mitleidig-verlegen sahen die Feuerwehrleute die Weinende an, und einer sagte leise zu seinen Kollegen: „Die Arme, ihr Mann wird vermisst und dazu kein Dach über dem Kopf. Letztes Jahr und in dem Jahr davor sind wir schon hierhin ausgerückt. Die Familie ist aber auch vom Pech verfolgt. Aber es ist immer wieder dasselbe an Weihnachten mit den verdammten Bränden."

Nur zu gut erinnerte sich Sabine an die letzten Heiligabende. Vor zwei Jahren war eine Girlande aus Plastikkugeln, die sie um den Adventskranz gelegt hatte, in Flammen aufgegangen. Der Wohnzimmertisch und der Berberteppich gingen dabei drauf. Ihr Mann, der nichtsahnend vor dem Fernseher schlief,

wurde durch das Gebell ihres Riesenschnauzers Emil wach und konnte sich retten. Im letzten Jahr, während Heinz im Bett lag, fiel seine glühende Zigarette auf die Matratze. Aber gerade noch rechtzeitig hatte er beherzt die Matratze aus dem Fenster in den Garten werfen können. Als die Feuerwehr nach nur wenigen Minuten anrückte, legte Sabine die Trauerrede zur Beerdigung wieder beiseite.
Der nächste vierundzwanzigste Dezember kam näher und schon im November ahnte Sabine Schlimmes. Vorbereitet für das „Worst Case Scenario" deponierte sie wichtige Dokumente im Schließfach ihrer Bank und schloss für alles, inklusive Heinz, eine neue Versicherung ab.
Der Vierundzwanzigste rückte näher. Es gab wie jedes Jahr an Heiligabend einen Kartoffelsalat – richtig schlonzig, in viel Fleischbrühe ertränkt musste er im Schwabenland sein – und dazu Saitenwürstle. Und wie immer stand Sabine am ersten Feiertag frühmorgens auf. Schließlich brauchte die riesige Weihnachtsgans vier Stunden in der Bratröhre. Rotkraut, Kartoffelklöße und Maronen sollten das Festessen abrunden. Die Lieblingsspeisen ihres Mannes. Natürlich durfte der von ihr selbst hergestellte Pfitzauf mit Kirschkompott nicht fehlen.
„Immer dasselbe, seit dreißig Jahren", stöhnte Sabine und wischte sich in der heißen Küche die Schweißtropfen mit ihrer Schürze von der Stirn. Wie zur Bestätigung hörte sie im Hintergrund den Stuttgarter Oratorienchor melodisch singen: „Alle Jahre wieder".
Währenddessen saß Heinz im Fernsehsessel, rauchte, trank ein Tannenzäpfle nach dem anderen und zappte sich mit der Fernbedienung durch das Fernsehprogramm. Dabei fluchte er, weil nichts Gescheites kam. Neben dem Fernsehsessel lag Emil, sabbernd vor sich hin schnarchend.

„Isch no a Fläschle Bier em Kialschrank?“, rief Heinz seiner Frau in Richtung Küche zu. „Wenn net, breng dapfer drei Fläschle ausem Keller.“

„Gleich Schatz, ich muss nur noch die Gans übergießen“, säuselte Sabine. Sie öffnete die Backofentür, nahm den Schöpflöffel und goss heißes Wasser über den Vogel. Sie hielt inne und aus einem Impuls heraus ließ sie die Klapptür des Gasherdes sperrangelweit offen.

Im Untergeschoss, auf dem Weg zum Bierholen, sah Sabine im Heizungskeller nach dem Kessel, legte das Werkzeug hin und verließ den Keller. Wieder oben im Wohnzimmer stellte sie drei Flaschen Tannenzäpfle vor ihren Mann auf den Couchtisch.

„I brauch ebbes zom raucha! D'Schachtel isch fascht lär! Guck, wo d'Zigarette herkraigsch! Du werscht emmer mender“, meckerte Heinz sie an.

„Liebling, es macht mir wirklich nichts aus zum Kiosk zu laufen und Zigaretten zu holen. Dabei kann ich ja gleich mit Emil Gassi gehen. Könntest du inzwischen mal nach dem Heizkessel sehen? Findest du nicht auch, dass es hier ziemlich kalt ist?“, fragte sie, lächelnd und fröstelnd, zusätzlich noch eine Strickjacke über ihren Pullover ziehend. „Aber mach zur Sicherheit alle Kerzen aus, wenn du in den Keller gehst.“

Heinz brummte dösend vor sich hin, im Mundwinkel hing sein Glimmstängel. „Glei, i will blos no mei Bier fertisch drenga.“

Sabine kannte das „Gleich“ und sie kannte ihren Mann. Erst würde er die bereitgestellten Biere, seine Zäpfle, zischen und dann in aller Gemütsruhe seine letzte Zigarette anzünden. Nach einer ganzen Weile würde er in den Keller schlurfen, um endlich nach dem Rechten zu sehen. Als richtiger Schwabe sparte er an allen Ecken und Enden. In den letzten Jahren hatten keine Handwerker die Schwelle des Hauses übertreten. Obwohl es gefährlich und sehr wahrscheinlich verboten war, hatte Heinz sogar vor Kurzem selbst die neue Heizung installiert. Bei seiner jährlichen Abgasuntersuchung wollte der Schornsteinfeger das Abnahmeprotokoll der Firma einsehen, die die Heizung eingebaut hatte. Aber Heinz hatte ihn vertröstet. Seitdem saßen sie wie auf einem Pulverfass, das jeden Moment hochgehen konnte. Ihr Mann hatte alle Warnungen als Humbug abgetan.

Sabine stand fassungslos und frierend vor ihrem ehemaligen Heim. Obgleich sie geschockt war, träumte sie von einem neuen, aufregenden Leben. Ohne Kartoffelsalat mit Saitenwürstle, gebräunter Gans und vor allen Dingen ohne Heinz.

Gerade wollte Sabine den Ort des Schreckens verlassen. Den traurigen Anblick des zerstörten Hauses konnte sie nicht länger ertragen. Im Gehen drehte sie sich um und erstarrte. Durch die Nebelschwaden des Löschwassers und Staubs, wie durch einen Wattebausch hindurch hörte sie die Stimme ihres Mannes: „Schätzle, Gott sei Dank, du lebscht no! Wia gaud, dass i di gfonda hab! Zsamme mit em Emil bin i dir zom Lada nochglaufe. Du hascht den Hond vergessa!“

Frau Bräuchle und die Kehrwoche

Vielleicht hätte ich sie warnen sollen, dachte Elli, als sie die Gardine ihres Wohnzimmerfensters ein wenig zurückschob und zur Straße hinauslugte. Vor dem Haus, am Straßenrand, türmten sich riesige kegelförmige Schneeberge unmittelbar vor und hinter einem VW Käfer, sodass dieser keinen Zentimeter bewegt werden konnte. Auch das Auto selbst war unter einer dicken Eis- und Schneeschicht eingemummt. Der Wagen gehörte einer jungen Frau, die erst November letzten Jahres in die Wohnung im Parterre eingezogen war. Gerade versuchte die Nachbarin verzweifelt die Schneeberge mit einer Handschaufel aus Plastik abzutragen.

Die neue Mieterin hatte ein heiliges, unumstößliches Gesetz gebrochen. Aber woher hätte sie es auch wissen sollen, dass in dem Haus, in dem sie erst seit Kurzem wohnte, die Einhaltung des Mietvertrags penibel überwacht wurde, ein Verstoß Konsequenzen nach sich trug?

Wie Elli an dem Logo des Umzugslasters erkannt hatte, war die Nachbarin keine Schwäbin, sondern kam irgendwo aus dem Ruhrgebiet. Auch Elli war eine Reingeschmeckte. Sie blieb es wahrscheinlich ihr ganzes Leben, obwohl sie schon über vierzig Jahre in Stuttgart wohnte. Es hieß zwar, alle Menschen seien gleich, alle haben ähnliche Wünsche und Hoffnungen, aber trotzdem unterschieden sie kulturelle Eigenheiten, Riten, und Sprache. So konnte sich Elli immer noch nicht daran gewöhnen, dass im Schwäbischen die Füße bis zu den Oberschenkeln gingen, ein Kittel alles umfasste – vom Pullover bis zur Jacke oder einem Mantel, oder dass ein Teppich genauso gut eine Wolldecke, ein Plaid, sein konnte. Die Benutzung des falschen Artikels vor Butter oder Teller – der Butter und das Teller – amüsierte sie immer wieder.

Nicht amüsant fand sie schon lange eine andere schwäbische Angewohnheit, die eher eine Tugend in den Augen der Ureinwohner ist: Die Kehrwoche. Ehemals hatte sie Herzog Eberhard von Württemberg, dem seine Hauptstadt im wahrsten Sinne des Wortes stank, im Jahr 1492 als Reglement gegen sein aufräumfaules Volk eingeführt. Wer sich nicht daran hielt, musste mit einer Strafe rechnen. Das ging so weit, dass jemand seinen säumigen Nachbarn, der nicht die Straße fegte und seinen Hof sauber hielt, anzeigen musste. Als Belohnung erhielt der Denunziant dessen Haus und Hof. Um das zu umgehen, wurden samstags vielerorts demonstrativ Bettdecken aus den Fenstern zur Dorfstraße hin gehangt, Vorleger und Teppiche geklopft, sogar Stühle und der ganze Hausrat wurde vor die Tür gestellt und gewaschen. Es wurde und wird auf Teufel komm raus geputzt und gefegt, selbst wenn ein Herbststurm fünf Minuten später sämtliche Anstrengung auf dem Trottoir zunichtemacht oder der Gehweg im Nu wieder einschneit. Daher frohlockten viele Einwohner von Stuttgart, besonders die Reingeschmeckte, bei der Nachricht, Oberbürgermeister Rommel würde die Kehrwochenpflicht abschaffen.

Elli wohnte nun seit über 40 Jahren im gleichen Haus, und so lange enthielt der Mietvertrag die Klausel über die Kehrwochenpflicht. Dass dies eine ernstzunehmende Sache war, zeigte schon allein die Tatsache, dass ihre Vermieterin, Frau Bräuchle, eine unverheiratete, pensionierte Handarbeitslehrerin, die Wert auf die Anrede „Fräulein“ legte, zwar „Grüß Gottle“ sagte, aber nie vom „Kehrwöchle“ sprach.

Als Ellis Mann noch lebte, hatte er als Gegenleistung für einen geringeren Mietzins die Kehrwoche für die Hauseigentümerin mit erledigt. Sogar die Post und ihren Einkauf hatte er ihr in das dritte Stockwerk getragen. Inzwischen erledigte Elli diese Aufgaben, einschließlich Treppenhaus und Keller nass wischen, Kellerfenster putzen, Kuttereimer ausspülen, den Hof und Gehweg samt Kandel, der Straßenrinne, fegen. Weil die Wohnung über ihr leer stand, hieß das alle vierzehn Tage. Wenn es Glatteis gab oder schneite, musste sie schon

Apfel, Nuss und Mandelkern, essen nicht nur Kinder gern.

morgens um sieben Uhr Splitt streuen oder Schnee schaufeln. Zwar war Elli damit in diesem Dezember verschont geblieben, weil es den ganzen Monat wie aus Kübeln geregnet hatte. Aber am Abend des 31. Dezember kam von Norden her eine Kaltfront mit Blitzeis und ab da hatte es unaufhörlich geschneit. So viel Schnee hatte Elli in den vergangenen Jahren selten gesehen. Sie erinnerte sich an die Winter ihrer Kindheit, in denen sie die Doggenburg heruntergerodelt und auf dem gefrorenen Bärensee Pirouetten gedreht hatte. In Erinnerung geblieben war ihr ebenso der kalte Winter 1963. Obwohl ihre Mutter sie davor gewarnt hatte, sie würde sich noch den Tod holen, wollte Elli – eigensinnig wie sie war – nicht die kratzigen Wollstrümpfe zu den Winterstiefeln anziehen. Sie trug den ganzen Winter, genauso wie Marylin Monroe auf einem Filmplakat, die modisch angesagten Nylonstrümpfe und Pumps zum weitschwingenden Rock. Na ja, den Tod habe ich mir zwar nicht geholt, resümierte Elli, sondern nur Frostbeulen, die ich als schmerzendes Andenken bei nasskaltem Wetter noch immer spüre.

Inzwischen war Ellis Außenthermometer auf minus 10 Grad gefallen. Der Schnee lag in kompakten Eisbrettern. Eigentlich war die neue Nachbarin die ganze Woche mit Splitt streuen und Schneewegraumen an der Reihe gewesen. Trotzdem war die junge Frau, ohne für eine Vertretung zu sorgen, am Silvestermorgen in ein Taxi gestiegen und erst am Dreikönigstag, zurückgekommen.

„Des gibt's doch fei net“, hatte Frau Bräuchle geschimpft, als sie Elli herausklingelte. „Jetzetle, sind Sie so gut: Machet Sie des, bevor noch jemand hinfällt und ebbes bricht. Die Versicherung zahlt des net.“

Aber Elli hatte sich geweigert. So weit kam es noch. Sie sollte einspringen? Jetzt war Schluss. Sollte Frau Bräuchle

sich doch ihre Knochen brechen! Völlig sprachlos ob ihrer Weigerung war Frau Bräuchle beleidigt abgerauscht. Am nächsten Morgen hatte Elli dann die aufgetürmten Schneeberge entdeckt. Anscheinend war es Frau Bräuchle gelungen jemanden zu finden, der nicht nur den Schnee auf dem Gehweg beseitigt, sondern auch einen Racheakt gegenüber der jungen Mieterin verübt hatte, indem er das Auto einkesselte.
Denn Elli kannte Frau Bräuchle, die Gnadenlose. „Des bissle Kehrwoche is fei net schlemm“, hatte ihre Vermieterin ihr einmal erklärt, als sie Elli beim Putzen kontrollierte.
Immer wieder lag eine Rosine in einer Ecke der Kellertreppe. Elli vermutete, falls sie liegen blieben, sollten sie als Beweis für ihre Schlamperei dienen. Aber Elli verdarb Frau Bräuchle jedes Mal das Spiel, indem sie nur die Rosine entfernte und so tat, als ob sie in allen Ecken aufwischen würde.
Ein anderes Mal hatte Frau Bräuchle angemerkt: „Hend sie Kohle nauftrage? Da uff de Trepp isch oin schwarzer Fleck.“ Sie zeigte oberlehrerhaft mit spitzem Zeigefinger auf eine schwarze Stelle, während ihre zusammengekniffenen Augen Elli fixierten.
„Das geht nicht weg.“ Elli musste sich beherrschen, um nicht zu explodieren. Was denn für eine Kohle? Es gab doch seit Jahren keine Kohleöfen, sondern Gasheizung im Haus.
„Nehmet Sie doch e bissle Spucke, die Enzyme drin mache saubr. Wisset Se, das ist wissenschaftlich erwiesen“, erklärte die Vermieterin.
Aha, damit will sie mir ihre angeblich akademische Ausbildung unter die Nase reiben, hatte Elli gedacht und geschwiegen. Pfui, nein danke. Sie tat so, als ob sie sich ganz fleißig dem Fleck widmen würde und hatte Frau Bräuch-

le hinterhergemurmelt: „Wie wäre es, wenn ihr Neffe das übernehmen würde?“

Der Großneffe von Frau Bräuchle wohnte seit ein paar Monaten ganz oben unter dem Dach, in einer ehemaligen Dienstmädchenkammer. Anscheinend studierte er noch, wie ihr die Vermieterin berichtet hatte. Frau Bräuchle schloss die Erklärung mit der Bemerkung: „Wisset Sie, man muss an junge Leut vermiete, damit wir Alte entlaschtet werde.“

Ja, damit du entlastet wirst und noch einen Sklaven hast, den du gebrauchen kannst, schoss es Elli durch den Kopf und sie hatte nicht darauf geantwortet. Ich muss endlich was unternehmen, so geht das nicht weiter, ich werde schließlich nicht jünger. Es muss sich eine andere Regelung für die Kehrwoche finden lassen. Soll sie mir doch kündigen. Alle diese Überlegungen waren ihr durch den Kopf gegangen, während sie Frau Bräuchle bei ihren endlosen Tiraden über ihre tatsächlichen oder eingebildeten Krankheiten zugehört hatte.

Noch immer stand Elli am Fenster und beobachtete die Szene auf der Straße. Mittlerweile schüttelte sie den Kopf. Die Bemühungen der jungen Mieterin, ihren Wagen von den festen Schneebergen freizuschaufeln, scheiterten kläglich an ihrer Kraft und ihrem Equipment. Auch wenn Elli das Verhalten ihrer Nachbarin nicht gutheißen konnte, diese hätte zumindest Bescheid geben sollen, dass sie verreisen wollte, fand sie die Aktion mit dem Einkesseln ziemlich übertrieben, um nicht zu sagen ausgesprochen boshaft. Sollte es sogar der Neffe gewesen sein, auf Anweisung seiner Tante, der den Schnee so platziert hatte? Elli konnte es sich nicht vorstellen. Er kam ihr so nett vor. Er grüßt sie freundlich, immer höflich. Schon öfter hatte er nachgefragt, ob er ihre Einkaufstasche nach oben tragen solle.

Inzwischen war es dunkel geworden. Hartnäckig versuchte die junge Frau im Schein der Straßenlaternen die Schneegebirge abzutragen.
„Wahrscheinlich muss sie morgen mit dem Auto zur Arbeitsstelle fahren. So wird das aber nichts", murmelte Elli. Ihr tat die Nachbarin leid. Nichtsdestotrotz war sie neugierig, was denn noch passieren würde. Vor allen Dingen wollte sie in Erfahrung bringen, ob es gelingen würde, den Käfer freizuschaufeln.
Noch während Elli darüber nachdachte, tauchte der Neffe von Frau Bräuchle auf. Bewaffnet mit einer metallenen Schaufel, einer Gartenhacke und einem Korb, der eine Thermoskanne mit zwei Tassen enthielt. Er stellte den Korb auf die Mauer neben dem Eingangstor ab. Dann sprach er kurz mit der jungen Frau, nahm die Hacke, zertrümmerte die Schneekegel und trug sie mit der Schaufel schwungvoll ab. Nach einer halben Stunde war nichts mehr davon zu sehen. Die Nachbarin fiel ihrem Helfer beinahe um den Hals. Anschließend setzten sich die beiden auf die Mauer und der Neffe schenkte aus der Thermoskanne eine dampfende Flüssigkeit aus. Während sie tranken, unterhielten sie sich angeregt. Als sie ins Haus zurückgingen, schauten sie nach oben und winkten Elli zu.
Na, so was. Wer hätte das gedacht. Es gibt doch noch hilfsbereite Menschen, überlegte Elli. Was für ein hübsches Paar. Die beiden passen aber gut zusammen.

Deutsches Weihnachten

Am zweiundzwanzigsten Dezember um die Mittagszeit kam Hannas Gatte von der Uni zurück und verkündete: „Schatz, stell dir mal vor, unser amerikanischer Gastdozent, der Neil Jenkins – ich habe dir doch von ihm erzählt – muss über Weihnachten in Deutschland bleiben. Das Baby hat Mittelohrentzündung und darf nicht fliegen. Neils Wohnung ist schon gekündigt und alle Möbel sind in den Schiffscontainer verladen. Deshalb will Neil, bis das Baby gesund ist, mit seiner Familie ins Hotel ziehen. Aber ich habe mir gedacht, das ist doch trostlos. Und damit die Jenkins' mal ein richtiges typisches, deutsches Christfest erleben, wie wäre es, wenn wir die ganze Familie zu uns über die Feiertage einladen würden? Geht doch?"

Vor Überraschung blieb Hanna der Mund weit offen stehen. Aber eigentlich kannte sie ihren Mann mittlerweile. Sie erinnerte sich an ihre erste Begegnung mit ihm, bei der er sich gleich am nächsten Tag bei ihr zum Essen einlud. Als er dann eintraf, war er nicht allein, sondern brachte drei WG-Mitbewohner mit. Zusätzlich in Begleitung eines riesigen Hundes, der bereits allein ihre kleine Wohnung ausfüllte.

Und was war mit dem Vorsatz, dass sie und ihr Gatte Weihnachten ganz ruhig angehen wollten? Seitdem ihre Kinder erwachsen und aus dem Haus waren, machte sich Hanna nichts mehr aus dem Advent und Weihnachten. Wenn sie ehrlich war, hasste sie diese Zeit geradezu: Die Hektik der

Leute, den Tand in den Läden, die Schokoladennikoläuse und Dominosteine, die schon im August in den Regalen standen. Überall beschallten Weihnachtslieder die Kunden in den überhitzten Verkaufsräumen und jeden Tag wurden sie mit Katalogen und Werbeprospekten für unnütze Dinge zugeschüttet. Dabei wurde immer wieder der Wert der Familie betont. Es fiel Hanna sogar leicht, sich gegen Geschenke zu entscheiden. Es sollte keinen Tannenbaum, keine aufwendigen Mahlzeiten, sondern Mikrowellengerichte geben. Sie hatte auch keine Gutsle gebacken. Erstens fand Hanna, dass zu viel Zucker ungesund war und zum Zweiten vertrockneten in den vergangenen Jahren der Stollen und die Plätzchen bis in den Frühling hinein und waren dann im Mülleimer gelandet.
In diesem Jahr sollte Heiligabend gemütlich im Jogginganzug vor dem Kamin mit Buch oder auf dem Sofa vor dem Fernseher verbracht werden. Ansonsten wollten sie die Feiertage mal richtig ausschlafen, anschließend waren Spaziergänge im Kräherwald vorgesehen. So weit der Plan – zumal ihre erwachsenen Kinder nicht wie üblich zu den Festtagen wie die Hunnen einfielen, sondern die Schwipp-Schwiegereltern besuchten.
Hanna schwante Schreckliches ob dieser Einladung der amerikanischen Familie. Was waren das noch für Zeiten gewesen, als während der Studentenzeit die Partys unkompliziert, spontan und billig waren. Damals gab es alle fünf Wochen Waschpartys, bei denen Schmalzbrot und Most den Hunger und Durst stillten. Oder es fanden Umzugspartys statt, an denen Fleischküchle mit Kartoffelsalat – praktischerweise den aus dem Plastikeimer – mit Gewürzgurken gereicht wurden. An Spieleabenden, zu Scrabble und Monopoly, wurden Pellkartoffeln mit Salami-Peitschenstecken

vertilgt und aus einer Zweiliter-Flasche billiger Lambrusco kredenzt.
Aber solche frugalen Mahlzeiten konnte sie natürlich ihren Gästen aus Übersee nicht anbieten, zumal die deutsche Hausfrauenehre und die Reputation des Gatten davon abhingen. Sie war auf Gäste nicht eingerichtet und erst recht hatte sie keine Lust tagelang in der Küche zu stehen, während sich die anderen amüsierten.
Krampfhaft überlegte sie. Normalerweise war eine Woche Vorlaufzeit nötig, bevor der Besuch eintraf. Für die perfekten Weihnachtsmenüs mussten Kochbücher gewälzt, das Fleisch vorbestellt, die frischen Zutaten vom Markt geholt und alles körbeweise nach Hause geschleppt werden. Der Weinkeller sollte aufgefüllt und sämtliche Räume geputzt sein. Auch die Schränke mussten in die Aktion mit einbezogen werden. Geradezu peinlich war ihr die Erinnerung daran, als bei dem letzten Geburtstagsfest für ihren Gatten eine Gastdame ganz spontan mithelfen wollte. Als sie die Anrichte aufmachte, kam ihr ein riesiger Stapel Zeitungsausschnitte, zusätzlich ein Schwall gesammelter Schnüre und Gummiringe entgegen. Als einmal eine Karaffe mit Obstsaft umkippte und deren Inhalt auf den Fußboden tropfte, konnte eine andere Dame keinen Putzlappen finden, da unter der Spüle ein Chaos von gebrauchten Plastikeinkaufstüten hervorquoll. Aus Erfahrung wusste Hanna inzwischen, dass kritische Gäste eben jede noch so kleine Unordnung bemerken. Ganz zu schweigen, wenn ihr Blick nicht von spiegelblank polierten Fenstern und von glitzerndem Chrom der Kloarmaturen geblendet wird, oder das frisch abgeschliffene und versiegelte Parkett nicht zum Schlittern verleitet.
Besonders problematisch waren Einladungen im Winter bei Schnee und Eis. Sollte Hanna den Besuch bitten, die Schuhe

auszuziehen oder stillschweigend Schlieren von Matsch und kleinen Splitsteinen auf ihren frisch gewienerten Fußböden ertragen? Gab es in Amerika auch Gästepantoffel oder wurden sie als oberspießig angesehen?
Natürlich barg auch eine Einladung im Sommer zusätzliche Vorbereitungszeit und Gefahren. Wenn zu einer Gartenparty gebeten wird, ist eine Woche wirklich knapp bemessen. Es sollten wenigstens ein paar blühende Pflanzen in die Erde, der Golfrasen muss schnell angelegt und Bäume geschnitten werden. Im letzten August war Hanna bei dieser Aktion von der Leiter gefallen und hatte den Einladungsnachmittag im Krankenhaus verbracht. Die Gäste sollen sich trotzdem köstlich amüsiert haben, hatte ihr der Gatte berichtet.
Alle diese Pannen waren Hanna noch in frischer Erinnerung. Diesmal blieben nur noch zwei Tage zur Vorbereitung: Aufräumen, Gästezimmer mit zusätzlichem Kinderbett richten, Putzen, Menüplanung und Einkauf. Gott sei Dank war es Dezember, als ihr Ehemann die überraschende Nachricht überbrachte. Also fiel wenigstens die Gartenarbeit weg.
Krampfhaft überlegte Hanna und kam auf glorreiche Ideen zur Rationalisierung. Die Gourmetessen, den Gänsebraten für den ersten Feiertag und der Entenbraten für den zweiten sollte nun ein Sternekoch liefern, inklusive Beilagen und Wein. Das Raclette für den Vierundzwanzigsten abends kam vom Käsehändler. Von ihm konnte Hanna auch das Gerät borgen, denn sie hatte ihres während des letzten Aufräumens aus Versehen beim Sozialkaufhaus als Spende abgegeben.
Gemüse und Steinofenbrot waren schon vom Biobauer ins Haus geliefert worden. Für den Süßigkeitenteller kaufte Hanna noch schnell beim Bäcker um die Ecke Springerle, Leb-

kuchen und Albertle, die sowieso viel besser gelungen waren als ihre eigenen Kreationen. Trotzdem fiel der Einkauf im Supermarkt, nicht zuletzt wegen der vielen Babykostgläschen, groß aus. Was soll's, dachte Hanna. Die Kreditkarte wird ja erst im Januar belastet.
Ihre Schränke versah sie mit einer Kindersicherung und als Highlight reinigte sie die Nasszellenarmaturen mit Spiritus. Schwierig wurde es, so kurzfristig einen schönen Weihnachtsbaum zu ergattern. Die Verkaufsstellen hatten nur noch kratzige Fichten voller Nottriebe oder viel zu große, teure Bäume im Angebot. Kurzerhand fällte Hanna eine Tanne in ihrem Garten, was den Gatten zu der Bemerkung hinriss: „Jetzt kann uns jeder Nachbar ins Wohnzimmer glotzen."
„Aber dafür ist er absolut frisch und riecht gut. Außerdem können wir jetzt viel besser bis zum anderen Ende unseres Grundstücks sehen", schmetterte Hanna die Bemerkung ab.
„Was sollen wir eigentlich den Jenkins und dem Baby schenken? Sieht doch blöd aus, wenn keine Pakete unter dem Baum liegen", fragte sie ihren Gatten, während sie das Kinderbettchen aufstellten.
Dieser überlegte nicht lange. „Was ist mit der Kuckucksuhr aus Triberg, mit der uns mal meine Mutter überrascht hat und die überhaupt nicht zu unserer Einrichtung passt? Die ist doch originalverpackt auf der Bühne – dem Dachboden. Die Amerikaner finden so etwas lovely, sie lieben es."
„Und für das Baby finde ich bestimmt auch noch etwas von unseren Kindern. Auf der Bühne liegt noch jede Menge gutes Spielzeug. Ich schaue gleich nach, wenn ich die Deko und den Christbaumschmuck herunterhole. Für uns verpacke ich einfach Bücher, die wir sowieso noch nicht gelesen haben", ergänzte Hanna.
„Prima, damit erfüllen wir die Quote für Nachhaltigkeit",

sagte der Gatte. „Und wieder einmal hatte sie eine gute Idee“, lobte er seine Ehefrau.
Diese atmete tief und erleichtert durch. Sämtliche Hürden waren genommen. Jetzt stand einem typisch deutschen Weihnachtsfest nichts mehr im Wege.
Kurz vor Eintreffen ihres Besuches stellte Hanna Aromakerzen und Potpourris in jedem Zimmer auf, was ihren Gatten zu einem zweiten Lob veranlasste: „Bei dir riecht es aber sauber und weihnachtlich.“
Voller Ungeduld wartete Hanna auf die Lieferung der Weihnachtsmenüs. An Heiligabend um vierzehn Uhr, also unmittelbar nach Ladenschluss, klingelte das Telefon. Der Inhaber des Sternerestaurants teilte ihr mit, dass er leider nicht liefern könne, da zwei seiner Köche erkrankt seien und er mit seiner verbliebenen Angestellten gerade noch seinen Betrieb aufrechterhalten könne. Das wäre ja nicht so schlimm gewesen, aber bereits kurz zuvor hatte sie der Käsehändler mit der

Erstaunte Kinderaugen bewundern den Christbaum.

Mitteilung überrascht, dass alle seine Geräte fürs Raclette leider schon an andere Kunden verliehen seien. Er entschuldigte sich wortreich, sorry, es wäre ein Fehler von ihnen.
Hanna fiel in ein tiefes Loch. Ausschließlich Gemüse, Wurst und Brot oder Babykost aus den Gläschen konnte sie ihren amerikanischen Gästen ja schlecht als Festessen anbieten. Voller Verzweiflung überlegte sie gerade, ob sie an Heiligabend bei den Nachbarn schnorren, oder ob sie in einer offenen Tankstelle vielleicht tiefgefrorene Hähnchen finden konnte, als die Familie Jenkins – Neil und Sue mit dem Baby Sam – vor der Haustür stand und klingelte.
Als Gastgeschenk brachten sie einen schweren Korb aus dem PX-Laden mit. Er war gefüllt mit einem riesigen Hickoryschinken, Hamburgern, Hot Dog Würstchen, Steaks, Maisbrot, Hersheys'Nuts und Marshmallows.
Erleichtert und dankbar fiel Hanna ihrem Besuch um den Hals.
Kurzentschlossen warfen ihr Mann und Neil im Garten den Grill an. Im Schein von Fackeln brutzelten sie die mitgebrachten Hamburger und Steaks. Anschließend saßen alle vor dem Kamin und hielten an langen Stecken Marshmallows ins Feuer, bis sie goldbraun karamellisierten. Als sie die Kerzen am Weihnachtsbaum anzündeten, streckte das Baby die Arme nach Hanna aus und krähte vor Vergnügen. Voller Wehmut erinnerte sich Hanna an die früheren Christfeste, als ihre Kinder noch klein gewesen waren.
Sue, die sich als hilfsbereit und überaus patent erwies, zauberte aus dem Schinken und den vorhandenen Zutaten zwei original amerikanische Essen.
Es wurde ein gemütliches Weihnachtsfest, mit allem was dazugehört, nur nicht gerade typisch deutsch.
Na also, geht doch.

Maria fehlt

Seit Wochen proben beide Quinten des Königin-Katharina- Lyzeums das Krippenspiel. Für Frau Faust, die Musiklehrerin, eine üppige Brünette, ist es Ehrensache, dass alles klappt. „In diesem Advent wird ein großartiges Krippenspiel mit talentierten, vor allen Dingen aber musikalischen Darstellerinnen, in der Aula aufgeführt", verkündete sie mit sonorer Altstimme. Auch das Orchester, bestehend aus zwei Geigen und einer Flöte, soll mitwirken. Als Klavierbegleitung Frau Faust.

Hanna, die weder Geige noch Flöte spielen kann, aber Musik liebt, traut sich vor den Mitschülerinnen vorzusingen. Frau Faust hatte ihre Leistung nur mit der Note drei bewertet, was Hanna total ungerecht findet.

Es gibt für Hanna keine Hauptrolle im Stück. Ihr Platz ist als Engel inmitten des Chors, in der zweiten Reihe. Der Chor singt mit Hingabe: „Jauchzet, frohlocket, die Tage." Alle Himmelsboten sind mit einem alten, weißen Betttuch bekleidet. Der Erzengel trägt den Stern von Bethlehem in der Hand und steht hinter Maria und Josef bei der Krippe. Dort wachen auch die Heiligen Drei Könige über das Jesuskind. Damit alles reibungslos abläuft, bekommt jeder Komparse nicht nur die Noten, sondern auch den Text des Stücks in die Hand gedrückt.

Hanna hatte sich so sehr gewünscht eine wichtige Rolle zu bekommen. Aber noch nicht einmal den Hirten darf sie spielen. Den verkörpert die kecke Luise. Als Maria fällt die

Krippenspiel 1962.

Wahl auf Renate, die zwar einen Bubikopf hat und mit ihrer schlaksigen Gestalt und der Größe von einem Meter achtzig wie ein Junge aussieht und die schmächtige Josefdarstellerin um drei Köpfe überragt. Dafür ist aber ihre Mutter, wie jede in der Klasse weiß, die Freundin von Frau Faust.

Für die Aufführung hatte Frau Faust im Vertrauen auf göttlichen Beistand und die schauspielerischen Fähigkeiten ihrer Hauptdarstellerin keine Zweitbesetzung der Maria für notwendig befunden.

Der Tag der Premiere rückt näher. Samstag, sechszehn Uhr, soll es losgehen. Hannas Mutter hatte versprochen zu kommen, obwohl sie ihre drei kleinen Kindern völlig in Anspruch nehmen und sie nie Zeit für Hanna hat.

Pünktlich um vierzehn Uhr ist die letzte Generalprobe. Frau Faust flattert wie ein aufgeregtes Huhn durch die Kulisse und über die Bühne. Ihre Stimme donnert, als sie bemerkt: „Die Maria fehlt!"

Ohne die Hauptdarstellerin können sie nicht anfangen. Endlich sickert die Nachricht durch, dass die Maria-Renate schon gestern, weil sie Fieber und Husten bekam, aus dem Unterricht nach Hause geschickt worden war.
Frau Faust ist mit den Nerven fertig. „Und das sagt mir erst jetzt jemand. Eine solche Inkompetenz ist mir noch nie vorgekommen." Ihr Wutanfall richtet sich zuerst auf den Lehrerkollegen und dann auf die fehlende Maria. Suchend geht ihr Blick in die Runde und bleibt bei Hanna hängen. Die hat ihre langen, dunklen Haare extra gestern noch gewaschen und seitlich zu einem Zopf gebunden. Er lugt unter dem Engelsgewand hervor.
Irgendetwas bringt Frau Faust dazu, Hanna herauszurufen. „Traust du dir zu, die Jungfrau Maria zu spielen?", fragt sie sie.
Im ersten Augenblick erschrickt Hanna, aber dann nickt sie. „Ich kann den Text", verspricht sie Frau Faust mit fester Stimme.
„Also dann ab, schnell ins Kostüm. Wir müssen die letzte Szene nochmals üben", befiehlt ihre Lehrerin, die jetzt etwas ruhiger geworden ist und der man die Erleichterung ansieht. Hanna weiß, wie wichtig der Part in der letzten Szene ist, bei dem sie den Satz: „Schlafe mein Liebster, schlaf ein", gleichzeitig zur Musik von Geige und Flöte sagen muss.
Aber alles klappt, sowohl bei der Generalprobe, als auch in der Aufführung. Nach dem Schlussapplaus versucht Hanna unter den Anwesenden ihre Mutter zu entdecken. Aber sie ist nicht da, obwohl sie es doch versprochen hatte. Alle anderen Mitwirkenden werden von ihren stolzen Eltern vor dem Klassenzimmer, in dem die Garderobe ist, in die Arme genommen. Traurig zieht Hanna ihre Straßenkleidung an. Frau Faust kommt herein und legt eine Hand auf ihre Schultern.

Der Nikolaus ist in der Stadt. Das Bild entstand 1951.

„Gut gemacht“, sagt sie und lächelt dabei. Jetzt weiß Hanna, dass sie nie mehr eine Drei in Musik bekommen wird. Draußen ist es mittlerweile dunkel und es schneit. Hanna friert, vor Erschöpfung und weil sie hungrig ist. Als sie heimkommt entschuldigt sich ihre Mutter verlegen: „War´s schön? Ich wollte ja kommen, aber es war niemand da um auf die Kleinen aufzupassen.“ Sie umarmt Hanna.

Vergangene Weihnachten

Die Stuttgarter Straße lag still, wie ausgestorben da. Die kleine Kneipe gegenüber dem Supermarkt war geschlossen. Aus der Disco an der Ecke drangen heute keine dröhnenden Bässe. Nur die bunten Lichterketten im Schaufenster des Dönerimbisses blinkten in regelmäßigen Abständen. Annika spürte, wie die beginnende Kälte durch ihre Jacke kroch. Sie fröstelte und schob die Kapuze ihres Parkas hoch. Eine tiefe Traurigkeit hielt sie gefangen, während sie ihren Weg vom Friedhof nach Hause nahm. Vorbei an den hell erleuchteten Fenstern von Erdgeschosswohnungen, in denen Eltern und Kinder gemeinsam in festlich geschmückten Zimmern zusammensaßen, Geschenke auspackten und lachten.

Nachdem es den ganzen Tag leicht genieselt hatte, ging der Regen mittlerweile in Schnee über. Die feinen Kristalle legten sich wie eine glänzende Puderzuckerschicht über parkende Autos und Häuserdächer. Annika verlangsamte ihren Schritt. Sie machte keine Anstrengung sich zu beeilen, obwohl es schon längst dämmerte.

Annika erinnerte sich an die vergangenen Weihnachten. Noch voriges Jahr war es bis zum 23. Dezember wie immer gewesen. Ihre Mutter hatte im Advent die Wohnung dekoriert und sämtliche Räume mit Lichterbögen, Kerzen, Räuchermännchen und roten Weihnachtssternen herausgeputzt. In den Zimmern duftete es nach Tannengrün und Zimt. Ihre Mutter hatte ihr beigebracht Buchsbaum- und

Adventskränze selbst zu binden. Sie bastelten, gossen Kerzen, backten Ausstecherle und hörten dabei Weihnachtslieder. Schon lange bevor der Oberbürgermeister zusammen mit dem Hymnus-Chor und dem Bläserorchester den Weihnachtsmarkt im Alten Schloss feierlich eröffnete und auf dem Schlossplatz eine großen Fichte im Lichterglanz neu erstrahlte, freute sich ihre Mutter wie ein kleines Kind auf die Weihnachtszeit.

Am Abend des Dreiundzwanzigsten hatte sie zusammen mit Annika den Weihnachtsbaum aufgestellt und ihn mit dem alten Christbaumschmuck geschmückt. Neben dem Baum, auf der Kommode, wurde die Krippe platziert. Morgen, an Heiligabend, wollten sie die Christmette in der Sankt Josefs Kirche besuchen, erst danach sollte es die Bescherung geben. Und wie immer seit vierzehn Jahren, seit Annikas Geburt, würde ein goldenes Vreneli für sie unter dem Weihnachtsbaum liegen. Auch das Essen war geplant: Toast Hawaii. Diese Tradition wurde weitergeführt, seitdem Annikas Großmutter in den ersten Tagen des Fernsehens Clemens Wilmenrod beim Zubereiten zugesehen hatte. Dazu gehörte der selbst gemachte Eierlikörpunsch, von dem Annika ausnahmsweise nippen durfte. Obwohl sie schon längst aus dem Alter heraus war, in dem sie an ein geschenkebringendes Jesuskind glaubte, vermittelte ihre Mutter ihr das Gefühl eines besonderen Festes. Bis vor einem Jahr, als sie noch lebte.

Am Morgen des Vierundzwanzigsten wurde das Asthma so schlimm, dass die Sanitäter sie mit Blaulicht in die Klinik fuhren. Am Abend schien es ihr besser zu gehen. Kurz bevor Annika und ihr Vater auf Anweisung der Nachtschwester nach Hause gehen sollten – die Patientin bräuchte Ruhe – schickte ihre Mutter Annika hinaus. „Sei so lieb, ich muss allein mit deinem Vater sprechen.“

Was genau in den folgenden Minuten geschah, wusste Annika nicht. Aber sie konnte sogar bis auf den Flur hören, dass die Eltern sich wieder mal stritten. Als Annika ins Krankenzimmer eilte, um die Eltern zu beschwichtigen, sah sie, dass ihre Mutter verzweifelt um Luft rang. Ihr Vater drückte den Notfallknopf am Bett. Die Mutter wurde zurück auf die Intensivstation verlegt. Es folgte eine bange Wartezeit auf dem Krankenhausflur. Als der Arzt nach zwei Stunden mit ihnen sprechen wollte, sah Annika seinem Gesicht sofort an, dass sie vergeblich gehofft hatten.

Heute war wieder Heiligabend. Die Turmuhr des Gymnasiums schlug sechzehn Uhr. Inzwischen ging die Dämmerung in Dunkelheit über. Aber Annika fürchtete sich nicht vor der Dunkelheit, sondern vor ihrem Zuhause und vor den nächsten Tagen, die sie irgendwie überstehen musste. Drei Tage, an dem ein Familienleben vorgegaukelt wurde – in ihrem trostlosen Zuhause mit dem halb vertrockneten Adventskranz auf dem Couchtisch. Ansonsten gab es in der Wohnung keinen Hinweis auf das Fest. Selbst der Christbaum fehlte noch. Annika fand es schrecklich.
Nur an Silvester konnte sie flüchten. Da durfte sie weggehen, mit ihrer Freundin feiern und sogar bei ihr übernachten. Aber an Weihnachten galt das nicht, da wollte jeder unter sich sein und ein Familienfest zelebrieren. Eine heile Welt für drei Tage.
Genauso würde es bei ihnen sein – bei ihrem Vater und seiner neuen Frau Mira. Die Neue, die noch nicht einmal zwei Monate nach dem Tod der Mutter bei ihnen eingezogen war. Waren sie und ihr Vater ineinander verliebt? Vielleicht kannte er die Neue schon länger und sie war der Grund für den Streit mit der Mutter am Krankenbett gewesen. Er muss-

te verliebt sein, um Mira zu heiraten, denn Ehen beruhen schließlich auf Liebe, überlegte Annika.
Nur eine Woche später, nachdem die Neue eingezogen war, hatte sie alle Gegenstände, sämtliche Kleider und Schuhe, alles, was irgendwie an die erste Frau erinnerte, weggeworfen. In letzter Sekunde hatte Annika noch ein Familienalbum aus dem Mülleimer retten können. Sie hatte das Gefühl, ihre Mutter sei gewaltsam ausgelöscht worden und sollte vergessen oder zumindest nicht mehr erwähnt werden. Rein gar nichts sollte mehr an die Mutter erinnern. Aber Annika sah sie noch immer vor sich: Ihr schönes Gesicht, das einem al-

Weihnachten 1960: Der erste Fernseher, ganz links steht er!

ten italienischen Gemälde glich, die zierliche Gestalt, ihr lebhaftes Wesen, ihre Stimme, die noch lange auf dem Anrufbeantworter zu hören war. Annika ließ das Band immer wieder abspielen, bis ihr Vater es löschte.
Mira machte keine Anstalten irgendwelche Vorbereitungen für das Fest zu treffen. Kein Wunder, dachte Annika. Miras Lieblingsbeschäftigungen waren langes Schlafen, stundenlanges Stylen und Klamotten shoppen, aber bestimmt nicht einen Haushalt zu führen. Zu putzen fand sie unter ihrer Würde und schob Migräne als Ausrede vor.
Anscheinend war es ihrem Vater nicht aufgefallen, dass Mira nur aufräumte oder kochte, wenn sie wieder einmal etwas von ihrem Ehemann haben wollte. Selbst den täglichen Einkauf von Lebensmitteln erledigten mittlerweile Annika oder ihr Vater.
Auch heute hatte er sich am Frühstückstisch eine Einkaufsliste gemacht und Annika erklärt: „Heute ist Jahresabrechnung der Buchhaltung. Ich muss noch in die Firma. Ich bin früher aufgestanden, so kann ich vorher noch nach dem Weihnachtsbaum suchen und Lebensmittel einkaufen. Kannst du zum Friedhof gehen? Bei mir wird es bestimmt Nachmittag, bis ich fertig bin.“ Er seufzte gestresst. Sein Gesicht sah eingefallen aus.
Er arbeitet zu viel, dachte Annika und hatte genickt. Auch ohne seine Frage würde sie heute am Todestag der Mutter auf dem Grab ein Ewiges Licht anzünden. Als ob sie nicht seit Monaten alleine dorthin ginge.
Fast zu Hause angekommen, wischte Annika sich ihre Tränen ab. Mittlerweile wechselte ihre Trauer in Wut über. Auf Mira. Weder der Nerzmantel (welcher einigermaßen nachdenkliche, bewusste Mensch trug heutzutage echten Pelz?), noch der protzige Saphirring, den der Vater der

Neuen gekauft hatte, oder ihr perfekt geschminktes Gesicht und die langen, manikürten, rot lackierten Fingernägel kaschierten und verbargen das Grobschlächtige an ihr. Eines musste Annika ihr lassen: Mira war raffiniert. Niemals schimpfte oder kritisierte sie Annika in der Gegenwart des Vaters, sondern nur wenn sie alleine waren oder niemand Fremdes sie hören konnte. Geschickt manipulierte die neue Frau ihren Ehemann, umschmeichelte ihn mit Koseworten, spielte mit ihm wie eine Marionette an Fäden, hielt ihn fest in ihrer Hand. Er überhäufte sie im Gegenzug mit Geschenken. Jedes Mal presste Annika sich die Hände auf ihre Ohren und verkroch sich unter ihrer Bettdecke, wenn die beiden im Schlafzimmer verschwanden. Noch vor Kurzem hatte Annika versucht mit dem Vater über ihren Verdacht zu sprechen, Mira würde ihn nur ausnutzen. Aber er hatte alle Vorwürfe als Eifersucht abgetan und Annika gefragt: „Kannst du mir auf meine alten Tage nicht ein bisschen Glück gönnen?“

Als ob es darum ginge. Annika gönnte ihm alles Glück der Erde. Was hieß denn „auf die alten Tage“? Mit 50 war er schließlich nicht alt, sondern noch jung genug, um jemanden zu finden. Aber dann die Richtige, nicht so eine wie Mira. Sah er nicht, was mit ihr los war? War er so blind, dass er anscheinend sogar Annika Mutter vergessen konnte? Warum sonst sprach er nie über ihren Verlust, über den plötzlichen Tod? Annika erschien es wie ein Verrat.

Am nächsten Morgen stand Mira auf einmal ganz nahe bei Annika, hielt sie fest, krallte die Fingernägel in ihren Arm und zischte ihr ins Ohr: „Sei nur froh, dass ich so gutmütig bin, ansonsten wärst du schon längst vor die Tür gesetzt worden. Glaub ja nicht, dass dein Vater dich davor bewahrt, der frisst mir aus der Hand.“ Mira hatte hell aufgelacht und

höhnisch gesagt: „Vielleicht wird es jetzt dazu Zeit. Dann kannst du sehen, wo du bleibst, du undankbares Ding."
Annika kam sich vor wie eine Gestalt aus Grimms Märchen mit der bösen Stiefmutter. Ihre Angst, dass der Androhung Taten folgten, nahm zu. Aber in den folgenden Wochen ließ die Neue sie in Ruhe. Ja, fast schien es, als ob sie ihre Drohung vergessen hätte. Wie ausgewechselt schien Mira.

Gestern war der letzte Schultag gewesen, die Weihnachtsferien hatten begonnen. Auf dem Nachhauseweg vom Gymnasium nahm Annika nicht den üblichen, direkten Weg, sondern ging am Café an der Ecke vorbei. Mira saß an einem Tisch am Panoramafenster. Zusammen mit einem Mann, der bedeutend jünger als ihr Vater war. Die Neue und ihr Begleiter tuschelten miteinander. Mira legte vertraut ihre Hand auf die Hand des Mannes, dann übergab sie ihm einen kleinen, prall gefüllten Stoffbeutel. Die beiden verabschiedeten sich mit einer Umarmung. Annika wusste nicht, ob sie entdeckt worden war. Trotzdem versteckte sie sich gerade noch rechtzeitig hinter einem Pfeiler, bevor Mira in ihr Auto stieg und wegfuhr.
Sollte sie ihrem Vater von ihrer Beobachtung erzählen? Bestimmt würde die Neue alles abstreiten. Vielleicht war die Szene ganz harmlos gewesen und Annika hatte etwas darin gesehen, was nicht existierte. Auch wenn sie ihren Vater nicht verstand, mochte sie ihm nicht wehtun. In letzter Zeit hatten sich die Sorgenfalten auf seiner Stirn vertieft.
Schon von der Straße her bemerkte Annika, dass die Eingangstür ihres Hauses weit offen stand. Ein Tannenbaum lag achtlos hingeworfen auf dem Rasen im Vorgarten. Die Zimmer waren hell erleuchtet, alle Lampen brannten. Irgendetwas war geschehen.

Annika spürte, wie ihr Herz bis zum Hals schlug. Sie stürmte in den Flur und rief immer wieder: „Papa, Papa."
Es kam keine Antwort, es blieb still. Annika durchsuchte zuerst die unteren Räume, dann die oberen. Alle Schränke in den Schlafräumen waren sperrangelweit geöffnet, Schubladen herausgezogen.
Endlich fand sie ihren Vater im Arbeitszimmer. Er war kreidebleich, seine Haare zerrauft. Vor ihm, auf dem Schreibtisch, war ein wildes Durcheinander von Papieren und aufgeschlagenen Ordnern.
„Was ist denn passiert?", fragte Annika. Sie blieb wie erstarrt in der Tür stehen.
„Sie ist fort!"
„Wer?", rief Annika, obwohl sie die Antwort schon wusste.
„Mira! Sie ist weg. Alle ihre Sachen sind weg. Und nicht nur das."
„Wie? Was meinst du damit?"
„Die Konten sind abgeräumt, das Sparbuch fehlt, selbst die Kreditkarte ist hoch belastet und …"
„Aber wie?"
„Ich habe ihr für alles Vollmachten ausgestellt. Gott sei Dank habe ich ihr nicht das Haus überschrieben." Er atmete tief durch und sah Annika zerknirscht an. „Aber fast hätte ich es getan. Deinetwegen habe ich gezögert. Jetzt weiß ich, warum Mira mich in der letzten Woche immer wieder dazu gedrängt hat."
Annika umarmte ihn. Er tat ihr leid. Trotz allem. Er hatte diese Hexe geliebt.
Ihr Vater stieß hervor: „Selbst das Silberbesteck, auch deine Gold-Vreneli, die im Safe in einem Samtbeutel lagen, hat dieses Weib mitgenommen. Der Schmuck deiner Mutter, den ich dir an deiner Hochzeit geben wollte, ist ebenfalls

aus dem Safe verschwunden. Wie konnte ich mich nur so in dieser Frau irren? Was bin ich für ein Narr gewesen. Ich komme mir vor wie in einem Traum, nein, eher wie in einem Schundroman."

Annika selbst konnte nicht fassen, wie gutgläubig, wie naiv ihr Vater gewesen war. Aber sie wusste auch: Er würde sich keine Blöße geben, zu sehr würde er sich schämen, dass er sich zum Narren gemacht hatte. Niemals würde er wegen der gestohlenen Gegenstände zur Polizei gehen und seine Frau anzeigen.

Für den Augenblick war Annika sprachlos. Nichtsdestotrotz fühlte es sich an, als ob ein gewaltiger Felsbrocken von ihrem Herzen gefallen wäre. Endlich waren sie Mira los. Aber ihrem Vater Vorwürfe zu machen, würde nichts nutzen. Bestimmt litt er mehr, als sie ermessen konnte.

Inzwischen schien er gefasster und ruhiger. „Du hattest recht, hätte ich nur auf dich gehört. Insgeheim ahnte ich, dass mit Mira etwas nicht stimmte. Es war zu schön, um wahr zu sein. Das Schlimmste ist: Ich bin an der Situation selbst schuld", sagte ihr Vater zerknirscht. „Das Geld ist zwar futsch. Aber wer weiß, was Mira sonst noch im Schilde führte. Wahrscheinlich sind wir mit einem blauen Auge davongekommen."

„Ja, das glaube ich auch", pflichtete Annika ihm bei. „Wir sind noch einmal davongekommen. Alles wird gut, Papa."

Die Idee kam Annika plötzlich. Vielleicht konnte sie damit ihren Vater ja ein wenig auf andere Gedanken bringen.

Schnell lief sie die Treppe herunter, ging in den Vorgarten und hob die Tanne vom Rasen auf. Dann schleppte sie den Baum ins Wohnzimmer. Ihr Entschluss stand fest: Sie würden Weihnachten feiern, so wie früher.

Viel Rot, Gold und Glimmer

Viel Rot, Gold und Glimmer, so stellte sich Kiki Weihnachten vor. Sie träumte von einer Feier mit Freunden, gar mit einer Familie in der aufgeräumten, geputzten Wohnung, mit einem riesengroßen, festlich geschmückten Tannenbaum, den Tisch reich gedeckt mit Leckereien und vor allen Dingen viele Geschenke. Die Wirklichkeit holte sie aber spätestens an Heiligabend ein.

„Ich glaube, jetzt spinnt sie total", bemerkte Basti trocken, als wir aus dem Auto stiegen und auf das mit Abertausenden Lämpchen geschmückte Haus zugingen. Wie defekte Ampelanlagen blinkten die Glühbirnen in rot, grün und orange. Vor der Eingangstür, auf dem winzigen Rasenstück, der mit Kunstschnee bedeckt war, stand ein großer mit Lichterketten umkränzter Nikolaus samt Rentierschlitten. Ein Schneemann aus Plastik hielt ein Schild in der Hand mit der Aufschrift: Merry Christmas.

„Fehlen nur noch die Gartenzwerge, ach ne, Wichtel", höhnte Basti.

„Mensch Basti, reiß dich diesmal zusammen", sagte Nele, wie immer auf Harmoniekurs programmiert.

Seit Kurzem bewohnte Kiki ein gemietetes Reihenhaus in Feuerbach. Es befand sich fast am Ende der Wienerstraße und wirkte innen und außen eher wie ein kleines Hexenhäuschen. Sie hatte uns zum Julklapp eingeladen und am Telefon erklärt: „Weihnachten war gestern."

Aha, dachten wir. Weihnachten ist also out.

Kiki arbeitete in der Werbebranche, besaß also schon von Berufswegen ein Händchen für Trendiges, Angesagtes. Ob es sich um eine neue Disco, ein neues Restaurant, eine Coffee-Bar, ein smartes, viel kleineres Handy oder um Klamotten handelte: Kiki war die Erste, die es herausfand, ausprobierte, kaufte oder trug. „Das ist so was von Mega In", war ihr Lieblingsspruch.

Wir waren seit dem Abitur Freunde. Mischa, Nele, Basti und ich. Und natürlich Kiki. Sie hatte keine Familie, beziehungsweise Kiki erwähnte sie nie. Warum wussten wir nicht, aber wir waren sozusagen ihre Familie. Wir mochten sie, auch wenn sie uns manchmal auf die Nerven ging.
„Hoffentlich müssen wir nicht wieder singen", maulte Mischa, der Chorgesang für oberspießig hielt. Wir kicherten. Letztes Jahr, die Adventsfeier war uns noch in guter Erinnerung, bekamen wir von Kiki Notenblätter mit Weihnachtsliedern in die Hand gedrückt. Mischa hatte aus Protest besonders falsch gesungen.
„Schaut mal, ein Mistelzweig. Wie krass ist das denn?", rief Nele verzückt, als wir an der Haustür klingelten und nach oben sahen. „Jemand muss mich küssen!"
„So ein Schrott", murmelte Mischa. „Wer will denn so abergläubisch sein." Doch er machte gute Miene zum bösen Spiel und küsste Nele schnell auf den Mund.
„Das ist ein Julbock", erklärte Kiki, während sie uns die Tür öffnete. „Kommt rein. Hat jeder von euch sein Wichtelgeschenk dabei? In den Sack dort legen." Sie zeigte hektisch auf einen Jutesack, der im Flur neben der Eingangstür stand.
Kikis Gesicht glich einer roten Tomate. Ihre Augen glänzten und waren weit, fast schon schreckhaft weit, geöffnet. Wir

Bemalte Tonkrippe aus Mexiko.

sahen ihr die Angst an, dass ihr sorgsam vorbereitetes Fest mal wieder in die Hose gehen könnte. Vor sechs Wochen, bei ihrem Halloweenfest, sollten wir uns als Kürbisse verkleiden. Basti motzte Kiki an, er fände das so was von blöd, jede Mode mitzumachen, die von den Amis zu uns rüberschwappte. Um einer weiteren Diskussion zu entgehen, ließ er sich volllaufen und wurde am Schluss Kiki gegenüber richtig eklig. Nur mit Mühe konnten wir ihn beruhigen. Wir legten ihn auf ein Sofa, damit er seinen Rausch ausschlafen konnte. Alle blieben über Nacht. Wir tranken zu viel, was zur Folge hatte, dass wir am nächsten Morgen mit einem Kater aufwachten. Beim Frühstück stichelte Kiki dauernd gegen Basti und warf ihm endlos lange von uns schon längst vergessene Missetaten vor. Seit diesem Vorfall fuhren wir zusammen in einem Auto zu Kiki. Den Fahrer für hinterher losten wir aus, damit die anderen trinken konnten.

Erst nachdem wir Kiki folgten, fiel uns auf, dass sie einen weißen Kaftan mit einem Band aus rotem Samt trug. „Geht schon mal vor“, sagte Kiki und verschwand in der Küche.
„Ich ahne Schreckliches“, murmelte Basti. „Scheiße, heute ist ja der 13. Dezember, Lucia-Tag.“
Und tatsächlich: Basti hatte richtig geraten. Als Kiki zurückkam, trug sie auf dem Kopf einen Kranz aus Plastik-Preiselbeeren, bestückt mit brennenden Kerzen. Sie drückte uns Zettel in die Hand. Diesmal mit Julklapp Reimen. „Wenn ihr wollt, könnt ihr aber auch eure eigenen Reime erfinden, bevor wir die Geschenke verteilen“, sagte sie.
„Gibt es was zu trinken?“, fragte ich, tunlichst bemüht das Dichten von Reimen zu umgehen.
„Klar, bedient euch, da ist Glögg.“ Kiki zeigte auf ein Bowlengefäß auf der Anrichte. „Probiert auch meinen selbst gebackenen Safrankranz.“
„Du hast dir mal wieder viel zu viel Arbeit gemacht“, lobte Nele.
Wir anderen murmelten so etwas Ähnliches, bevor wir uns auf den Punsch stürzten. Kiki wehrte Neles Bemerkung ab mit dem Satz: „Das tue ich gerne für meine Freunde.“
Es wurde dann ziemlich lustig. Mischa versuchte sich im Reimen. Wieder sang er falsch, als er Bing Crosby nachahmte. Basti hielt sich mit spitzen Bemerkungen zurück. Nele erzählte von den Weihnachtsbräuchen, die im Schwabenland Tradition waren. Später zogen wir unsere Wichtelgeschenke aus dem Julklappsack.
Zu vorgerückter Stunde, wir lümmelten uns gerade gemütlich auf der Couchlandschaft, fragte uns Kiki: „Ach ja, was macht ihr an Weihnachten?“
Es herrschte peinliches Schweigen. Nele schaute verlegen zum Boden. Basti brach das Schweigen, indem er brummte:

„Ich hab's nicht so mit Weihnachten. Mischa und ich sind zum Skifahren in den Alpen."
Nele erzählte eine lange Geschichte über eine schrullige Erbtante, die sie gemeinsam mit ihrem Bruder besuchen würde.
Ich murmelte: „Ich muss zu meinen Eltern fahren. Glaubt mir, das ist total ätzend. Aber sie sind total beleidigt, wenn ich nicht bei ihnen antanze."
Kiki sagte daraufhin nichts. Aber dann lief sie aus dem Zimmer mit den Worten: „Ich glaube, mir ist da ein Fussel in die Augen geraten. Entschuldigt mich."
Ab da war die Luft raus aus der Lucia-Feier. Bald darauf verabschiedeten wir uns und gingen hinaus in die Nacht. In eine Nacht, in der der Sage nach böse Mächte, der Teufel und Trolle ihr Unwesen trieben.

Was macht der Weihnachtsmann im Sommer?

Lars ist ganz aufgeregt, morgen wird der Nikolaus höchstpersönlich in den Kindergarten kommen. Aus Bilderbüchern und Fernsehen kennt der Fünfjährige viele Nikoläuse, aber welcher von denen wird nun seinen Kindergarten besuchen? Als sein Papa am Abend nach Hause kommt, stellt er ihm die Frage: „Sag mal Papa, gibt es überhaupt den Nikolaus? Der Moritz im Kindergarten behauptet, es gibt ihn überhaupt nicht. Jemand spielt nur den Nikolaus. Und die Geschenke kaufen Mama und Papa, sagt der Moritz."

Für einen kurzen Augenblick überlegt der Papa. Soll er seinen Sohn aufklären oder ihm noch ein bisschen die kindliche Freude bewahren? Er denkt an die großen, strahlenden Augen des Kindes, als es zum ersten Mal den mit Kerzen, Holzspielzeug und Schokoladentäfelchen geschmückten Tannenbaum und den Nikolaus gesehen hatte. Diese schönen Momente, die er selbst in Erinnerung an Advent und Weihnachten seiner eigenen Kindheit verbindet. Sollten diese magischen Augenblicke für immer vorbei sein? Er beginnt zu erzählen:

„Also, das ist so: Der richtige Weihnachtsmann heißt Santa Claus. Er ist der Chef-Weihnachtsmann und lebt in dem kleinen Städtchen Nordpol in Alaska. Dort ist sein Hauptquartier, das Weihnachtsmann-Haus mit dem Rentierstall. In der Weihnachtsmann-Poststation werden die Wunschbriefe der Kinder gesammelt. Der Weihnachtssupermarkt und die Weihnachtswäscherei liegen in der Kling-Glöckchen-Gasse und werden von der Frau vom Weihnachtsmann betreut. Damit hat sie so viel zu tun, dass sie mit ihrem Mann noch nicht einmal im Sommer verreisen kann. Da viele Besucher aus Nah und Fern den Ort sehen wollen, in dem Santa Claus wohnt, ist die Stadt Nordpol das ganze Jahr hindurch weihnachtlich geschmückt und der Weihnachtsladen hat durchgehend geöffnet. An allen Hausecken hängen Lautsprecher aus denen die Lieder ertönen: ‚Kling Glöckchen, klingeling, Stille Nacht, heilige Nacht oder Rudolf, das Rentier'. Und weil Alaska zu Amerika gehört, wird alles auf Englisch gesungen. In Nordpol ist es im Winter saumäßig kalt und es wird nie richtig hell. Im Juli wird es dafür warm, so etwa fünfundzwanzig Grad. Der Weihnachtsmann muss sich Gesicht und Arme dick mit einem Mittel gegen die riesigen Stechmücken einschmieren. Sonst könnte er vor lauter Jucken und Kratzen seinen Beruf nicht mehr ausüben.

Natürlich ist Santa Claus nicht allein. Seine Assistenten, unser Nikolaus, der Père Noel aus Frankreich, Santa Nicolás aus Spanien und Väterchen Frost aus Russland helfen ihm in allen Erdteilen.

Ganz früher wurden die Geschenke in den Werkstätten des Weihnachtsmannes in Nordpol hergestellt. Santa Claus, die anderen Weihnachtsmänner und die Spielzeughersteller entwarfen, sägten, bohrten, dübelten, schraubten, löteten und klebten von Tagesanbruch bis Mitternacht. Bis alle Pakete mit buntem Weihnachtspapier verpackt waren, bekam die Frau von Santa Claus ihren Mann überhaupt nicht mehr zu sehen und sie wurde richtig sauer. Als die Wünsche der Kinder mit der Zeit immer ausgefallener und anspruchsvoller wurden

und die Weihnachtsmänner mit der Arbeit nicht mehr nachkamen, da hat vor ein paar Jahren die Weihnachtsmann-Gewerkschaft ihre Mitglieder zum Spielzeugfertigungsstreik aufgerufen, der bis heute andauert.
Trotz des Streikes haben die Weihnachtsmänner alle Hände voll zu tun, denn nun bestellen sie im Sommer die meisten Geschenke in den Spielwarenläden und neuerdings auch über das Internet. Das war für sie ganz ungewohnt und um alles richtig zu machen, besuchten sie vorher einen Computerkurs in der Volkshochschule für Weihnachtsmänner. Nun können die Kinder den Weihnachtsmännern nicht nur Briefe, sondern auch elektronische Wunschzettel schicken.

Winterwald in Stuttgart-Vaihingen.

Natürlich ist das Kaufen der Spielsachen eine ziemlich teure Angelegenheit und alle Weihnachtsmänner der Welt müssen deshalb im Sommer Rechnungen an Eltern, Omas und Opas oder Paten schreiben und das Geld eintreiben. Und das ist ein ziemlich anstrengender Job.
Den härtesten Job aber hat Santa Claus als Chef-Weihnachtsmann in Australien. Heiligabend findet im Sommer statt und es ist noch viel wärmer als in Alaska. Viele Australier verbringen den Weihnachtsabend im Swimmingpool oder am Strand. Da kann man den Weihnachtsmann in seiner Berufskleidung, dem roten pelzbesetzten Mantel, saumäßig schwitzen sehen. Aber wenigstens stechen ihn hier keine Riesenmücken und er muss keine fremde Sprache lernen, da in Australien Englisch gesprochen wird. Seine gefütterten Stiefel hat er in Nordpol gelassen, denn mit nackten Füßen läuft es sich herrlich durch den warmen Sand.
Und weil die Rentiere sich in Alaska von ihren anstrengenden Reisen ausruhen müssen, helfen in Australien Kängurus beim Geschenkeaustragen. Kängurus können nämlich unglaublich weit und schnell hüpfen und haben praktische Beutel statt eines Bauches.
Wenn die Wünsche aller australischen Kinder erfüllt sind, bietet der Weihnachtsmann am Strand eisgekühlte Cola, Limonade und Bier an. Und weil er der Weihnachtsmann ist, kauft jeder gerne bei ihm ein. Santa Claus verdient richtig massig Geld um sich einen neuen Computer, Kraftfutter für die Rentiere und eine Bratpfanne für seine Frau zu kaufen. Natürlich gönnt er sich am Feierabend im Hotel eine dicke Zigarre und ein Schlückchen Bier. Danach springt er in seiner roten Weihnachtsmann-Badehose zur Abkühlung in das Schwimmbecken. Und weil es ihm gut gefällt, bleibt Santa Claus den ganzen australischen Sommer am Strand.

Also, falls wir irgendwann einmal Australien besuchen und wir einen Mann mit einem weißen Bart und einer roten Badehose in ein Schwimmbecken hüpfen sehen – dann ist es bestimmt der Weihnachtsmann."
Beruhigt durch diese Erklärung geht Lars ins Bett. Jetzt kann der Moritz so viel sagen wie er will. Trotzdem fällt ihm auf, dass sein Papa eigentlich seine Frage nach dem Weihnachtsmann aus Deutschland, der heute den Kindergarten besuchen soll, nicht beantwortet hat. Ausnahmsweise fährt sein Papa ihn am nächsten Morgen ins Montessori-Kinderhaus nach Weilimdorf. Im Hort angekommen, nach dem Frühstück, stehen alle Kinder erwartungsvoll im Kreis. Nun ist es so weit: Der Nikolaus kommt herein. Sein Mantel ist rot und flauschig mit einem schwarzen Gürtel um seinen dicken Bauch. Er hat rote Bäckchen und einen weißen Bart. Unter seinen buschigen Augenbrauen blitzen lustige Augen hervor. Die Hände hat er unter weißen Handschuhen versteckt und er trägt einen schweren Sack über der Schulter. Während er den Sack abstellt und sein goldenes Buch hervorholt, fallen Lars seine klobigen Winterstiefel auf. Der Junge stutzt. Die Stiefel kommen ihm bekannt vor. Noch bevor der Nikolaus seinen Spruch beenden kann: „Von draus vom Walde komm ich her, ich muss euch sagen es weih…", platzt es aus ihm heraus: „Das sind ja die Stiefel von meinem Papa. Mein Papa ist der Nikolaus."

Weihnachtsgeld

Bärbelchen und Hannes brauchen was Neues zum Anziehen", erklärte Marga, nachdem sie den Frühstückstisch abgeräumt hatte. „Und ich brauche einen neuen Wintermantel." Sie sah fragend zu ihrem Mann Donald, der sich hinter seiner Zeitung versteckte.

„Wieso? Schon wieder? Dein Mantel tut es doch noch. Außerdem haben die Kinder doch letztens was zum Anziehen bekommen!", brummte Donald. Er sah hinter seiner Tageszeitung hervor und runzelte die Stirn.

Marga biss sich auf die Lippen, um nicht laut herauszuprusten. „Letzens war vor eineinhalb Jahren."

„Muss das sein? Können die nicht von den Älteren die Kleidung auftragen?"

„Klar, das tut Bärbelchen auch, sie trägt von Friederike, der Großen, auf. Aber Hannes ist unser einziger Bub. Da gibt es nichts aufzutragen. Seine Hosen haben Hochwasser bis zu den Knien." Marga übertrieb, nur um ihren Worten Nachdruck zu verleihen. Warum musste ihr Mann nur so ein Entenklemmer sein? Seitdem sie heimlich vor einigen Wochen seinen Schreibtisch durchstöbert und die Lohntüte gefunden hatte, wusste sie, wie viel ihr Mann als Ingenieur bei Daimler verdiente. Nach dem Ende des Zweiten Weltkrieges ging es in Deutschland allmählich allen besser. Aber das Knausern war Donald in Fleisch und Blut übergegangen. Wie oft war sie danach versucht gewesen ihrem Ehemann mit Tricks mehr Geld abzuluchsen, hatte es aber dann doch gelassen.

Wie sie Donald kannte, würde er ihr schnell auf die Schliche kommen.
„Außerdem braucht unser Hannes wirklich dringend neue Winterschuhe. Die alten sind viel zu klein, Willst du, dass er krumme Zehen bekommt?
„So schnell bekommt man keine krummen Zehen“, brummte der Haushaltsvorstand. „Wie soll ich das alles bezahlen? Bring mir doch mal den Geldkasten“, befahl Donald.
Bereitwillig stellte Marga einen braunen Holzkasten mit den silbrigen Beschlägen vor ihren Mann auf den Tisch und öffnete ihn.
Den Kasten unterteilten mehrere Fächer, die mit „Haushaltsgeld“, „Brennstoff“, „Kleidung und Schuhe“ beschriftet waren. In den einzelnen Abteilungen lagen Geldmünzen und Scheine, die ihr Mann am Zahltag aus der Lohntüte abzählte und dort hineingelegte. Von diesem Budget sollte der Haushalt bestritten werden. Aber trotz Margas eifrigen sparsamen Wirtschaftens reichte es hinten und vorne nicht und es gab auch hin und wieder Sonderausgaben. Deshalb versteckte sie die zwei Mark fünfzig vom Einlösen des Rabattmarkenhefts in einer Teedose im Küchenbüfett. Auch zwackte sie jede Woche heimlich ein paar Groschen von den 16 Mark und 32 Pfennig Haushaltsgeld ab und legte sie in das Fach „Kleidung und Schuhe“. Mit der Zeit würde es für sie endlich zu einem echten Bleyle-Kostüm reichen. Denn Marga war der Meinung, dass Kleider Leute machten. Obwohl noch vor dem Krieg Familien mit vielen Kindern die Regel gewesen war, wurden Familien mit fünf Kindern inzwischen schnell als asozial abgestempelt.
In Margas Lieblingsbuch: „Was die elegante moderne Frau von Heute trägt“ empfahl der Modeschöpfer Heinz Oestergaard stilvolle Kleidung, die aber schier unerschwinglich

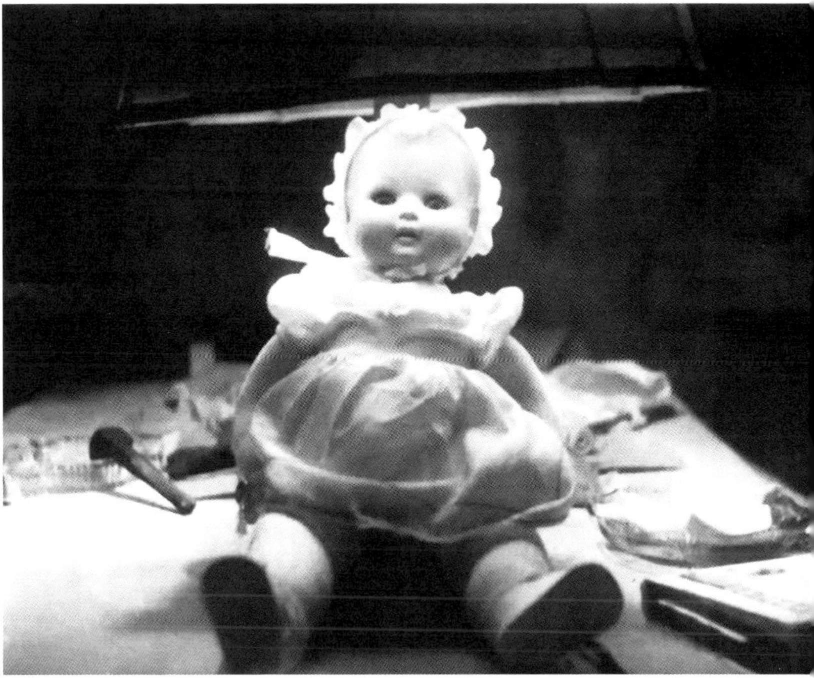

Der Wunsch nach einem Strampelchen ist in Erfüllung gegangen.

war. Deshalb bezog sie ein Abonnement des Burda Moden-Schnittmusterhefts, mit dessen Anleitung sie versuchte, ihre Kleidung selbst zu schneidern. Obwohl sie als junges Mädchen bei den Ursulinerinnen ein klein wenig Nähen gelernt hatte, stieß sie schnell an die Grenzen ihres Könnens. Nicht zuletzt mit einem aufmüpfigen fünfzehnjährigen „Backfisch" und vier kleinen Kindern, dem Haushalt und dem Garten auch an die Grenzen ihrer Zeit. Trotzdem hortete sie Stoffe, Knöpfe, Reißverschlüsse, Paspelierungen mit dem Hintergedanken, sie irgendwann einmal zu verwenden.

In jedem Advent überkam Marga das Gefühl, zum Christfest müssten ihre Kinder neu eingekleidet werden. Es war tatsächlich dringend notwendig, zumal die Älteren der vier Kleinen ziemlich flugs aus allem herauswuchsen. So schnell konnte sie die Winterhosen von Hannes gar nicht stopfen, wie der Junge sie verschliss. Alle Hosen waren mit Flicken an den Knien versehen und an den Beinen mit Besatz verlängert. Den ganzen Sommer bis zu den ersten kalten Herbstnächten hindurch trug der Bub eine kurze Lederhose, die er nicht so schnell verreißen konnte.

„Bekommst du dieses Jahr zu Weihnachten von Daimler einen Extrabonus?“, fragte Marga. „Der Firma geht es doch gut. Fast vor jedem Häuschen steht jetzt ein Auto.“

„Meine Liebe, du vergisst, dass das nicht alles Mercedes sind. Vielleicht bekomme ich Weihnachtsgeld, vielleicht auch nicht“, erklärte Donald. „Außerdem, falls ja, ist das schon verplant.“

Ja, verplant, dachte Marga und sie wusste auch wofür. Für sein Hobby: Eine Märklin-Eisenbahnanlage, für die er sich selbst zu Weihnachten mit Kibri-Häuschen, neuer Lok und Schienen beschenken würde. Natürlich war die Anlage nicht für ihn allein, wie er immer wieder betonte, sondern sie sollte einmal dem kleinen Hannes gehören. Jeden Abend verzog sich der Hausherr in den Keller, bastelte, schraubte und klebte an irgendeinem Stück. Das Brett mit der Anlage wurde an Weihnachten im Wohnzimmer aufgestellt und nahm mittlerweile die Hälfte des Zimmers ein.

„Wenn's denn wirklich sein muss.“ Donald zog sein Portemonnaie aus der Hosentasche und blätterte seiner Frau zwei Scheine auf den Küchentisch.

„Ich brauche noch etwas Geld für die Straßenbahn“, erklärte Marga. Nur zögerlich legte ihr Mann 80 Pfennige für zwei Fahrscheine hin und fügte wie zur Bestätigung hinzu: „Kinder sind unter sechs und kosten ja nichts.“

Er übertreibt es wirklich mit seiner schwäbischen Tugend, diagnostizierte Marga, eine Augenbraue hochziehend. Das Geld, das der Haushaltsvorstand ihr gegeben hatte, reichte nicht für alle Besorgungen. Wie schon so oft in der Vergangenheit würde sie auf neue Kleidung und den dringend notwendigen neuen Wintermantel verzichten müssen.

Am nächsten Tag war es so weit. Nach der Schule sollte Friederike auf die einjährigen Zwillinge Susi und Irmi aufpassen. Marga zog ihr bestes Kleid und ihren alten Mantel an, den sie mit einem schicken Schal und Hut aufzuwerten versuchte. Sie nahm Maß an Bärbel und Hannes, notierte alles auf einem Zettel, bevor sie die beiden mit ihren Sonntagskleidern herausputzte. Die Kinder fieberten der Fahrt mit der Straßenbahn entgegen. Besonders Hannes, den alles Technische begeisterte, konnte es kaum abwarten. Was gab es nicht alles zu sehen und zu hören. Hannes setzte sich neben den Schaffner, um ihn auf der Fahrt in die Innenstadt mit Fragen zu löchern. Der Kondukteur saß hinten, neben dem Einstieg erhöht in einer Kabine. Bei ihm löste die Mama ihr Ticket. Sie nahmen auf den Holzbänken Platz, während die Abfahrt bimmelnd angezeigt wurde und die Straßenbahn auf den Schienen ruckelnd und knirschend die Weinsteige hinunterfuhr.
An der Haltestelle in der Königsstraße angekommen, führte Marga ihre Kinder, rechts und links an der Hand, zielstrebig zum besten Kaufhaus der Stadt. Vorbei an festlich dekorierten Schaufenstern, die bei den Kunden Wünsche wecken und zum Kauf anregen sollten. Für den, der es sich leisten konnte, gab es in den Wirtschaftswunderjahren alles zu kaufen.

Bärbel blieb am Marktplatz vor dem Schaufenster von Spielwaren Kurtz stehen. Ihre Augen wurden größer. In einer Auslage standen Schildkrötpuppen. Die Ingrid, die Ursel und das Strampelchen. Schon lange wünschte sie sich zu Weihnachten die Babypuppe. Die, die sie von ihrer ältesten Schwester geerbt hatte, besaß nur noch einen Arm und ein Bein und aus dem Bauch quoll Holzwolle hervor. Oder sollte sie sich vielleicht doch lieber die schwarze Puppe wünschen? Die sah fast genauso aus wie das große Mädchen, das im Haus nebenan wohnte.
Direkt am Kaufhaus, auf dem Marktplatz, standen zur Weihnachtszeit einige Buden. Händler verkauften Zuckerwatte, kandierte Früchte, Lebkuchen, Maronen, aber auch Besen und Korbwaren oder Töpfe. Es war fast wie am Krämermarkt bei der Kirbe, nur dass die Buden weihnachtlich mit Zweigen, Misteln, Zapfen und Strohsternen geschmückt waren. Wie gerne hätten Hannes und Bärbel an einer Zuckerwatte geschlotzt, aber sie ahnten, dass ihre Mutter dafür kein Geld ausgeben würde.
Das Kaufhaus war hell erleuchtet. Direkt hinter dem Eingang stand der lebensgroße Breunibär. Es war ein Mann in Bärenkostüm, um den Hals eine rote Schleife, der die Kinder mit tiefer Stimme begrüßte. Es gab den Breunibär auch als Stoffbär zu kaufen. Auf den Bären freute sich Hannes besonders, seitdem die Großmutter seinen Teddy, den er zum Einschlafen fest an sich drückte, eines Tages in den brennenden Ofen geworfen hatte. Als seine Mama ganz entsetzt fragte, warum sie das denn getan hätte, hielt die Großmutter eine Strafpredigt: „Es ist frevelhaft, Dinge mehr zu lieben als Gott."
Hannes wusste nicht, was frevelhaft bedeutete, aber er wusste, dass er seinen Teddy liebgehabt hatte und seine Großmutter fürchtete.

Eine Etage des Kaufhauses war nur mit Spielzeug, Kinderkleidung und dem Kinderfriseur belegt. Es gab auch einen Kindergarten, in dem Mütter ihre Sprösslinge während ihres Einkaufs abgeben konnten. Hannes und Bärbel gingen gerne dorthin, weil die Regale von Spielzeug überquollen. Die Kindergärtnerin war hübsch und sang und malte mit ihnen. Der Breunibär schaute vorbei und brachte sie mit seinen Späßen zum Lachen.

Die Zeit verging so schnell, dass Bärbel und Hannes erstaunt aufsahen, als auf einmal ihre Mama vor ihnen stand.

Sie trug mehrere Tüten und zwei weihnachtlich verpackte, längliche Pakete. „Jetzetle, ihr beiden, wir gehen nach Hause, vorher müssen wir aber noch die Winterschuhe kau-

Ein Teddy zum Spielen.

fen“, sagte sie. „Euer Papa will pünktlich sein Abendessen auf dem Tisch haben.“

Bei dem Wort Essen fiel den beiden Kindern plötzlich ein, dass sie Hunger hatten. Über dem Spielen hatten sie ganz vergessen, dass es fast Abend war.

Auf dem Weg zum Schuhgeschäft summte Marga ein Weihnachtslied. Schuhbraun war die erste Adresse in der Stadt für Kinderschuhe. Bärbel und Hannes freuten sich jedes Mal, wenn sie dorthin gingen, denn das Geschäft verfügte über eine hölzerne Rutschbahn, die vom ersten Stock ins Erdgeschoss führte. Beide nutzten sie eifrig im Wechsel, zwischen dem Anprobieren. Während ihre Mutter zahlte, bekamen die Kinder zwei Salamander-Lurchi-Hefte geschenkt, mit den neuesten Abenteuern von Lurchi und seinen Freunden – Hopps, Piping, Igelmann, Mäusepiep und dem strengen Unkerich.

Zurück auf der Straße hielt Marga an einer Bude und spendierte für Bärbelchen und Hannes je einen mit rotem Zuckerguss überzogenen Apfel. Ohne dass ihre Mutter sie erinnern musste, wussten die Kinder, dass sie zu Hause darüber Stillschweigen halten sollten.

Aber diese kandierten Äpfel blieben nicht die einzige Überraschung. An Heiligabend, unter dem Weihnachtsbaum, lagen zwischen den Geschenken für Friederike, Susi und Irmi die zwei länglichen, diesmal aber beschriftete Pakete aus dem Kaufhaus. Eines für Bärbelchen mit dem Strampelchen, das andere für Hannes mit einem Teddy, den mit dem Knopf im Ohr.

Die Bescherung war fast vorüber, als Donald in sein Arbeitszimmer verschwand. Als er wiederkam, brachte er eine Schachtel mit. Er drückte sie Marga in die Hand und wünschte ihr dabei „Fröhliche Weihnachten, mein Schatz.“ Dann gab er Marga einen Schmatz auf die Backe.

„Mama, mach es auf“, riefen die Kinder. In Seidenpapier eingewickelt lag in der Schachtel ein herrlicher, warmer Kamelhaarmantel.

„Du meine Güte! Woher weißt du denn meine Größe?“, fragte Marga erstaunt, als sie ihn überstreifte. Bewundernd strich sie mit der Handfläche über den Stoff.

„Ich kenne dich besser, als du denkst“, entgegnete Donald und zwinkerte ihr zu.

Weihnachtstage

Es waren Weihnachtsferien. Die Mutter führte Lotte durch die riesige Halle des Stuttgarter Bahnhofs zum Gleis und setzte sie in den Zug. Sie bat den Schaffner, nach dem Kind zu schauen und ihm zu helfen, am Zielbahnhof auszusteigen. Aber Lotte war schon zehn und ging in die erste Klasse des Lyzeums. Sie wusste Bescheid, denn diese Reise trat sie schon seit zwei Jahren alleine an. Da bei ihnen daheim das Geld knapp war, gab es nur Ferien bei den Großeltern. Je älter sie wurde, desto mehr hasste sie diese Besuche.

Zu Hause musste sie höchstens mal ihre kleinen Geschwister hüten. Aber Oma Katchen und Opa Jean verlangten ihre Mithilfe im Haushalt und Laden. Wenn Lotte nicht spurte, gab es Dresche mit dem Teppichklopfer. „Wen Gott liebt, den züchtigt er", sagte ihr Großvater, während sie leise weinte. Seit damals haderte Lotte mit einem Gott, der diese Strafe verlangte.

Ihre Großmutter Katchen besaß ein kleines Geschäft, in dessen Schaufenster auf einem Emailleschild in Sütterlinschrift stand: „Alles für die Schneiderin." Samstags Punkt zwölf schloss Großmutter Katchen mit einem tiefen Seufzer ihre Ladentür zu. Den gleichen Seufzer hörte Lotte, wenn sie sie begleitete. Ihre Aufgabe war es Nährollen zu sortieren, Stoffballen wieder einzurollen und Knöpfe einzuräumen, während die Großmutter die Kasse nachzählte. Anschließend übertrug sie den Betrag in ein Buch, um dann das Geld in

einem großen, ledernen Beutel mit Klipsverschluss zu verwahren. Auch Großvater Jean führte ein Buch, in dem jeder ausgegebene Pfennig penibel genau eingetragen wurde.
Es war nicht weit vom Geschäft zu der Wohnung in der Bahnhofstraße. Großmutter Katchen eilte in kurzen, energischen Schritten, mit dem Geld und Gottvertrauen nach Hause. In der kleinen Stadt kannten sie viele und die Herren zogen im Vorbeigehen höflich ihren Hut.
Zu Hause hatte Großvater Jean inzwischen das Mittagessen gekocht. Er war Hausmann. Irgendetwas, um das ein großes Geheimnis gemacht wurde, hatte ihn in den letzten Jahren daran gehindert, seinen Beruf als Metzer auszuüben. Umso eifriger widmete er sich seiner derzeitigen Aufgabe.
Der Großvater trug eine blaue Schürze, die über seinem Bauch spannte. Von ihm konnte Lotte lernen, wie man richtig putzt: Wie man die Böden mit Bohnerwachs einließ, ihn danach mit dem Blocker auf Hochglanz brachte und die Möbel mit Politur pflegte. Die Wohnung roch nach einem Gemisch aus Wachs und den Stumpen, die der Großvater leidenschaftlich gerne rauchte. Er zeigte Lotte auch, wie er nach dem Auftragen von Schuhcreme auf das Leder spuckte und es anschließend polierte. Streng achtete er darauf, dass die Enkelin die Essgabeln zwischen den Zacken spülte und abtrocknete. Genau so hatte es Großvater Jean als Bursche eines adligen Generals während des Ersten Weltkriegs gelernt.
„An der Kleidung und den Schuhen erkennst du einen Menschen, merk dir das gut“, erklärte er Lotte. Großvater Jean ging immer in Anzug, weißem Hemd mit Krawatte und Hut auf die Straße. Zu Hause oder im Garten trug er eine Kappe. Außerdem besaß er einen Zylinder – einen Chapeau Claque. Passend dazu einen schwarzen Gehrock und einen Stock-

schirm, den er über den Unterarm hing. Dieses Ensemble trug er zu Beerdigungen.

Auch eine zweite Weisheit lernte Lotte von ihm: „Wenn du wenig Geld hast, sind billige Kleider zu teuer!“

Lottes Großeltern kauften für sich nur das Beste, das aber bis an ihr Lebensende halten sollte.

Samstagnachmittag war Back-und Badetag, so wie Freitag Putztag war und Sonntag in die Kirche gegangen wurde.

Backen war Frauenarbeit, fand der Großvater. Mehl von der Mühle mit dem Leiterwagen besorgen, den Lotte widerwillig mitzog, sei Männerarbeit. Darüber konnte er großzügig vergessen, dass sie nur ein Mädchen war.

Am Freitagabend setzte Großmutter Katchen den Hefe-Vorteig an, der über Nacht unter einem Tuch gären musste. Es sollte Streuselkuchen geben. Aber nicht nur einen, Großmutter Katchen buk immer zwei riesige Bleche, denn die Kuchen mussten die ganze Woche reichen. Zum Frühstück gab es kein Brot vom Bäcker, sondern das Selbstgebackene. Nur wenn Lotte die Heimreise antrat, kaufte der Großvater ein Brot, das nach Anis schmeckte und belegte es mit gekochtem Schinken als Vesper für die Zugfahrt.

Samstags und vor den Feiertagen herrschte in der Küche eine unbeschreibliche Hitze. Auf dem weißen, breiten Emailleherd bullerte Wasser in einer Kasserolle, die wie ein silbernes Schiff aussah. Die Großmutter band sich ihre Werktagsschürze um, holte aus der Speisekammer das Backbrett, das den gesamten Küchentisch abdeckte, stellte eine schwere schmiedeiserne Wirtschaftswaage und Schüsseln mit Mehl, Zucker, Eier und „guter“ Butter darauf. Bei Lotte zu Hause gab es nur Rama oder Sanella.

Die Großmutter gab üppig Butter zum Mehl. Sie knetete den Teig mit der Hand und Lotte zerrieb die Streusel zwischen

den Fingern. Streng achtete Großmutter Katchen darauf, dass Lotte nicht zu viel naschte. Zum Auskratzen der Schüssel benutzte sie den „Kinderfeind“, einen Kuchenschaber mit Stiel. Während kurzer Verschnaufpausen versuchte sie die Haarnadeln, die aus ihrem Dutt gerutscht waren, vor einem Spiegel im Flur wieder festzustecken. Mehl und Teig hingen an ihrem Gesicht und dem Knoten. Darüber musste sie kichern und sie sah fast wie ein junges Mädchen aus. Dann walkte die Großmutter den Teig mit dem Nudelholz zu großen Platten aus und legte sie auf gefettete Backbleche. Während die Kuchen im Herd goldgelb und knusprig wurden und die Wohnung sich mit köstlichem Duft füllte, goss Großvater Jean das heiße Wasser aus der Kasserolle vom Herd in eine Zinkbadewanne, die er inzwischen in der Küche aufgestellt hatte.
Frisch gebadet und abgetrocknet, schon im Nachthemd, durfte Lotte aus dem Küchenbüffet ihr einziges Spielzeug hervorholen. Winzige Porzellanfigürchen: Eine Katze, das Schwein auf einem Hufeisen und die ganz kleinen rosafarbenen Schuhe, die auf einem Kleeblatt standen. Dazu tranken die Großmutter und Lotte Zichorienkaffe, den Muckefuck, aus kleinen Tassen. Sie waren mit kohlrabenschwarzen Kindern bemalt, einem Buben mit einem Besen und einem Mädchen mit Schnuller, das einen Matrosenanzug trug.

Lottes Großeltern standen jeden Morgen um sechs Uhr auf. Auch sonntags oder an Weihnachten. Noch bevor sie zur Kirche gingen, hatte der Großvater die Böden gefegt, die Betten aufgeschüttelt, die Paradekissen mit Knick genau senkrecht an das Betthaupt gestellt und den Festtagsbraten in die Ofenröhre geschoben. An diesem Weihnachtstag gab es aber nur falschen Hasen, einen Hackbraten. Denn die richtigen Müm-

Kaffeegeschirr für Kinder mit Porzellanschwein und Katze.

melmänner, die hinter dem Haus in einem Hofschuppen gelebt hatten und denen Lotte Namen wie Klopfer, Braunauge oder Weißbart gegeben hatte, waren im Sommer eines Tages verschwunden. Lotte hatte sie freigelassen. Bis der Großvater am Abend ihre Schandtat entdeckt hatte, waren sie in alle Himmelrichtungen davongehoppelt. Natürlich bekam Lotte wieder Schläge, diesmal mit dem Kochlöffel. Aber während dieser Bestrafung empfand sie sogar Genugtuung darüber, dass die flauschigen Kerlchen nicht im Kochtopf endeten und Lotte sie essen musste – ob sie wollte oder nicht. Zwar hatte Großvater Jean inzwischen wieder junge Hasen nachgekauft, doch sie waren zu klein und mager, um sie sofort zu schlachten.

Nachdem der Großvater die Wohnung aufgeräumt hatte, holte er seinen besten Anzug hervor – er roch dann immer etwas nach Mottenkugeln – und zog ihn zum Ausgehen an.

Lotte erinnerte sich noch genau an das Sonntagskleid ihrer Großmutter. Sie trägt es auf fast allen Fotografien. Das Kleid war aus nachtblauem Stoff, auf dem kleine, weißblaue Blümchen zu sehen waren, ein abgerundeter weißer Kragen verzierte den Ausschnitt. Unter dem Kragen eine Brosche aus feinziseliertem Gold, in viereckiger Fassung, darin unechte Rubine. Großmutter Katchen besprühte ihre Handgelenke mit 4711 Eau de Cologne und zurrte den Haarknoten noch fester als sonst, bevor sie gemeinsam zur Kirche gingen.
Lottes Großeltern waren gottesfürchtige, strenge Menschen, deren Glaube aber bissweilen merkwürdige Formen annahm. Wenn in der Nacht ein Gewitter aufzog, wurde Lotte geweckt. Bei Kerzenlicht musste sie ein Kapitel in der Bibel lesen, bis Donner und Blitze vorüber waren. Und wehe, sie übersprang aus Müdigkeit einen Vers, dann setzte es eine Backpfeife.
Als Lotte vierzehn wurde, wurde es ihr bei den Großeltern zu langweilig. Sie empfand ihre Erziehungsmethoden ungerecht und altmodisch und weigerte sich weiterhin zu ihnen in die Ferien zu fahren. Da ihre Mutter jedem Streit aus dem Weg ging, sie außerdem fand, dass Lotte besser ihr mehr im Haushalt helfen sollte, kapitulierte sie und Lotte durfte fortan daheim bleiben.
Das Backbrett steht jetzt bei Lotte in der Küche. Sie benutzt es, um darauf Weihnachtsplätzchen auszustechen. Die Tassen und zwei der kleinen Porzellanfiguren haben ihren Platz in einem Büfett gefunden. Lotte hat sie von ihren Großeltern geerbt. Geerbt hat sie ebenso die Furcht vor Gewitter. Hasenbraten kann sie immer noch nicht essen, genauso wenig wie Kuchen zum Frühstück.

Weitere Bücher aus der Region

Brigitte Fries
Schwaben –
Die Gerichte unserer Kindheit
Rezepte und Geschichte
128 Seiten, zahlr. Farbfotos
ISBN 978-3-8313-2202-2

Uwe Bogen
Geschichten und Anekdoten
aus Stuttgart
Liebe, Tanz und Bretterbuden
80 Seiten, zahlr. schw.-w. Fotos
ISBN 978-3-8313-2149-0

Jutta Weber-Bock
Unsere Kindheit in Stuttgart –
Aufgewachsen in den
40er und 50er Jahren
64 Seiten, zahlr. farb. u. schw.-w. Fotos
ISBN 978-3-8313-1850-6

Uwe Bogen
Unsere Kindheit in Stuttgart –
Aufgewachsen in den
60er und 70er Jahren
64 Seiten, zahlr. farb. u. schw.-w. Fotos
ISBN 978-3-8313-1841-4

Wartberg Verlag GmbH & Co. KG
Im Wiesental 1 I 34281 Gudensberg
www.wartberg-verlag.de

Bücher für Deutschlands Städte und Regionen
Telefon (0 56 03) 9 30 50
Fax (0 56 03) 93 05 28